太喜歡歷史了

給中小學生的輕歷史

6

隋唐

歷史事件

隋

文：書魚，陸西漸
繪：蔣講太空人（時代背景，歷史事件）
Yoka（衣食住行）

時代背景

承上啟下的隋王朝

隋朝的國運儘管短暫，只有三十七年，卻是中國歷史上承上啟下的一個重要時代。它結束了西晉以來長達三百多年的社會動盪，由分裂而統一，並且建立了一系列嶄新的政治制度，比如五省六曹制和科舉制度等等。隋朝修建的京杭大運河，更為後來的大唐盛世，打下政治及經濟基礎。在相對短暫的時間裡，完成了這麼多浩大且重要的事，其實非常不簡單！

隋朝的開創者隋文帝楊堅，是一位雄才大略的君主。他經歷北周荒淫、殘暴的統治，又曾戎馬征戰，所以他很節儉務實，反對奢侈浮華的作風。他下令宮裡的人要穿舊衣服，寫文章要儘量平實。統一全國以後，楊堅重用讀書人當官，很多儒生官位列於武將之上。他還廢除了門閥色彩強烈的九品中正制，鼓

勵民間推舉讀書人入朝為官。他也重視禮制，關於服裝、祭祀、禮儀，都要求遵循《禮記》記載的去做。他用心治國，隋朝前期國力強盛，社會發展迅速。

六〇〇年，楊堅廢黜太子楊勇，改立楊廣為太子。楊廣個性虛偽、暴戾，表面假裝生活樸素，背地生活奢靡。隋文帝主張少收稅，少發動徭役，讓百姓休養生息；這些好的政策，在楊廣繼位後全被拋棄，使隋朝加速滅亡。

衣食住行

生活在隋朝

衣

隋朝以前，官方會對祭祀、朝覲等場合穿的禮服加以規範，隋朝官方對天子、百官的官服制度又加以改革，就連日常穿的衣服也納入管理。

隋朝的服裝，承襲了北魏、北周時代漢胡融合的風格，趨於簡便。一般百姓的服裝，男性常穿圓領袍衫，長度到膝蓋以下，側面開衩開到大腿處。這種服裝源自鮮卑，穿起來行動比較方便。而「半臂」是一種男女都穿的服飾，袖長到手肘，衣身長及腰部，男子主要把它穿在外衣裡面，而女子則把它當做外衣。女子穿的裙襦，是高腰長裙，長及腳踝。

食

隋朝時候，飲食結構是南稻北粟（麥）。南方人以稻米為主食，北方人主要吃粟米或麵食。主食有餅和飯，餅是指各式麵食，包括饅頭、麵條、包

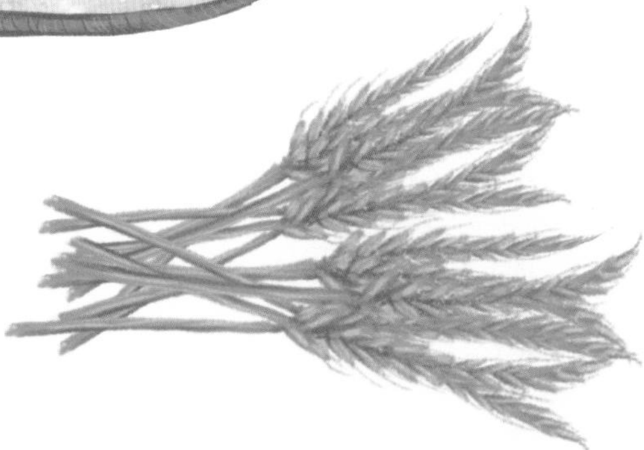

子等；飯不僅指稻米飯，也包含小米飯、雕胡飯（用菰米煮的飯）等。當時的副食種類也極豐富，北方副食有牛羊肉等肉製品、乳酪等乳製品，南方則有魚蝦等海產。

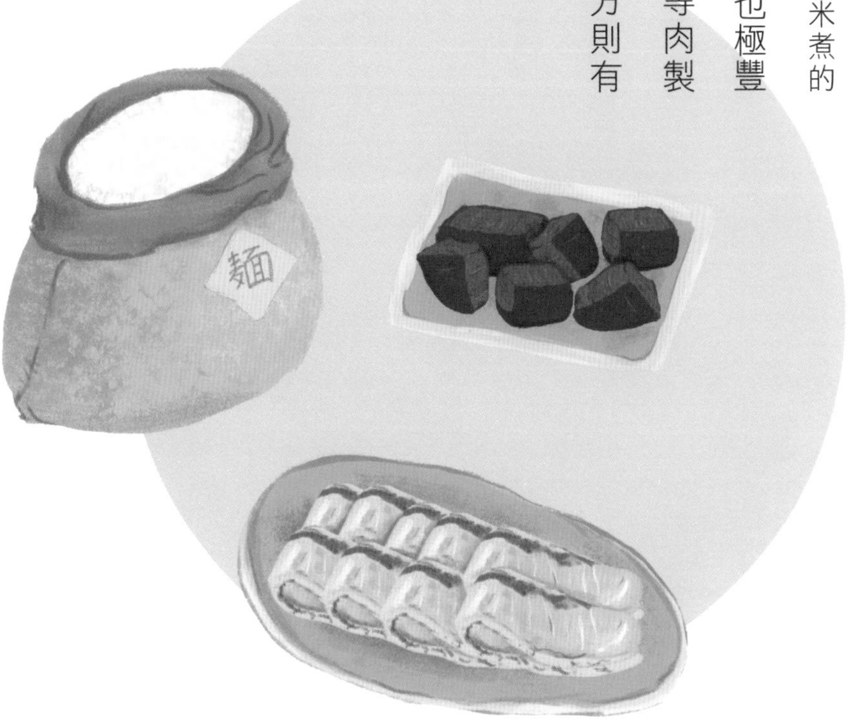

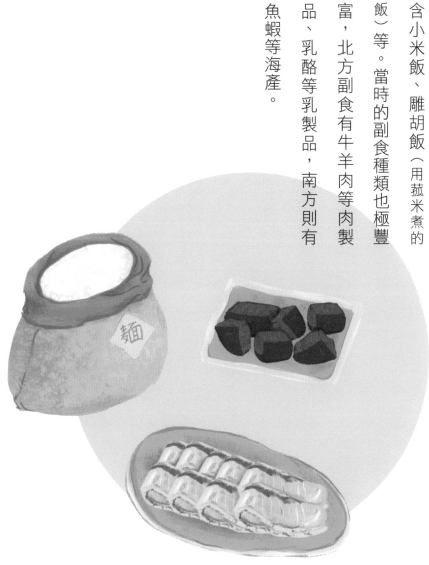

住

隋朝實行里坊制度，里坊就是城市裡的住宅區。里坊之間，以高牆隔開，四周有官吏負責巡視管理；里坊有門禁，定時開關。

隋朝的建築，開始大量採用燒製的磚瓦做材料，琉璃瓦燒製技術也更加成熟了。木造建築已十分完善，優點是施工便捷、構造緊密，特點是屋頂平緩、出簷深遠、斗拱巨大。

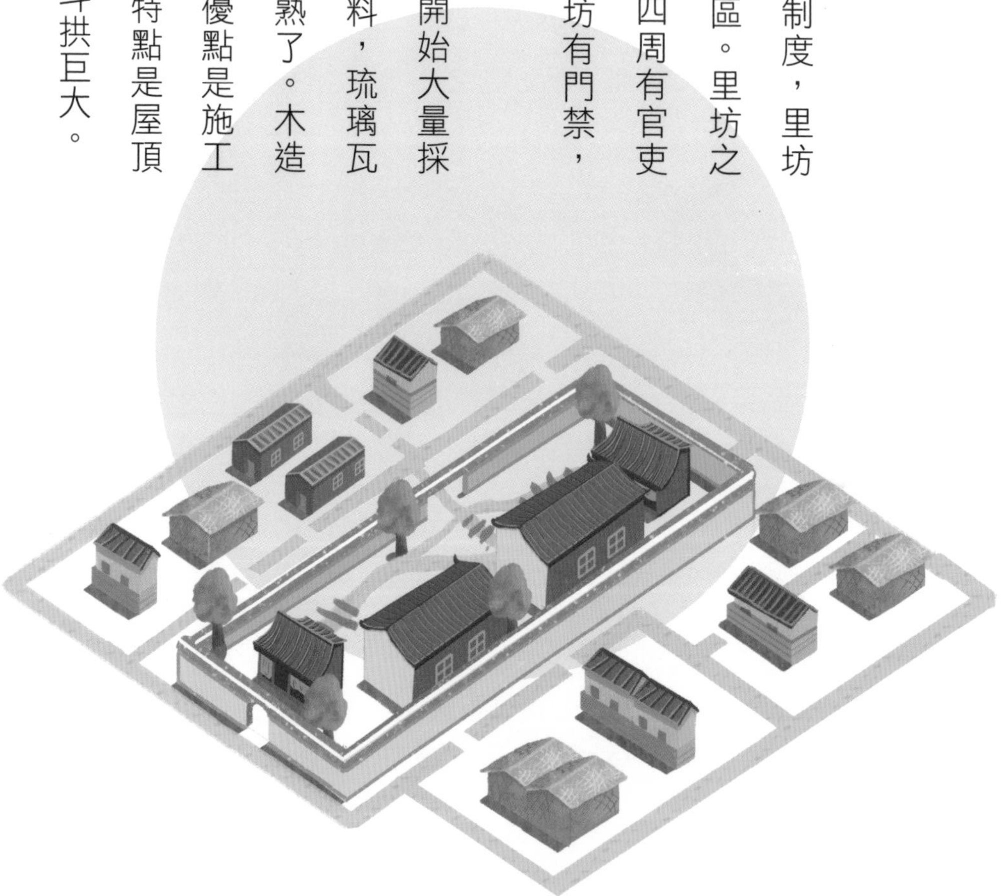

用

隋朝成立以前，社會動盪，貨幣不統一，因此隋文帝下令使用幣值穩定的五銖錢。絲織業極為發達，絲織品多達幾十種，絲織業的規模與分工都更為進步，可以織造出極為精美的錦緞。

行

隋朝大規模建造運河，透過運河連通內陸各水域，將內陸水系連成網路，水上交通變得極為便利。著名的運河京杭大運河，就是當時開掘的。各地河道上修築了很多橋梁，其中工匠李春修建

的趙州橋（在現今河北省趙縣）非常有名，它是一座空心石拱橋，兩側各有兩個小拱，能有效減輕洪水衝擊。趙州橋既省材料又堅實，展現了高超的造橋技術。

水路交通發達，舟船極為盛行，當時的造船技術也不斷提升，造船業分布在南方各地，能造五層的巨大戰船，也能造遠航的商船。不論是隋軍討伐南陳，還是商旅出海，都使用大船。

隋煬帝南巡時乘坐的龍舟，「長二百丈」（約六百六十七公尺），舟上有正殿、內殿、朝堂，需要近萬名縴夫來拉動，規模之大也是前所未見。

歷史事件01

大隋王朝，新帝國登場！

楊堅登場了

隋朝的建立者楊堅，出身於漢族世家，他的父親楊忠，是北周的奠基者宇文泰的老臣，因功被賜了一個鮮卑族姓氏「普六茹」。楊堅長大後，繼承了父親的官位，在朝中很有威望。

當時北周的皇帝周宣帝，是個昏君，滿朝文武都對他敢怒而不敢言。這個皇帝完全無視法度、禮制，立了五個皇后，其中之一就是楊堅的女兒。

楊堅對朝廷很有影響力，周宣帝對他十分忌憚，想要藉機殺他。但是楊堅

個性沉穩，屢次化險為夷，沒讓周宣帝抓住把柄。後來周宣帝突然重病身亡，楊堅及其他近臣搶先入宮，以外戚身分，輔佐年僅六歲的小皇帝，進一步掌握了朝廷大權。

▶北周末年，人們深受戰亂困擾，苦不堪言。

587年，拜占庭皇帝莫里斯一世沿多瑙河邊境修建更多防禦工事，將拜占庭帝國與阿瓦爾和斯拉夫人區分開

589年，隋滅陳

五八一年，北周靜帝被迫禪位給楊堅。楊堅建立了隋王朝，百官的職位維持不變。他又汲取北周的教訓，杜絕皇后或外戚干政，並把前朝與突厥和親的千金公主改為楊姓，賜名大義公主，維護邊疆穩定。

五八九年，楊堅派遣皇子楊廣率領大軍進攻南陳，一舉攻破陳朝的都城建康（江蘇南京），俘虜了南陳後主陳叔寶，沒有費什麼力氣就滅亡了南陳。

繼西晉之後，中國再一次進入大一統時代。

隋朝的制度

隋朝建立不久，楊堅在中央設立了五省六曹制度。五省是內史省、門下省、尚書省、祕書省、內侍省。內史、門下、尚書三省，

大事記

世界

中國

580年，尉遲迥等老臣不滿楊堅奪權而發動叛亂

581年，隋文帝楊堅即位，建立隋朝。頒布《開皇律》

582年，宇文愷主持修建大興城

主要負責行政事務，可以理解為：他們是管理及執行國家大小事務的。六曹則是指吏部、度支（戶部）、禮部、兵部、都官（刑部）、工部，它們都歸尚書省管。

五省六曹制，讓權力集中在中央政府，各個部門之間又互相牽制。不同部門負責不同的業務，不僅提高效率，而且可以防止少數官員權力過大。唐初的三省六部制，就是繼承隋朝的這個制度。

興建大興城

隋文帝建立隋朝，起初定都長安，但他認為當時的長安城過於狹小，而且從漢朝建城以來已經過了幾百年，水源淨化功能大不如從前，水質惡化，又鹹又苦，不適宜飲用。因此隋煬帝下令在長安城的東南，另外興建一座大興城，建成之後，遷都到大興。到了唐朝，大興改名為長安，這才是今天我們所熟知的大唐的長安城。

▼隋朝實際掌握政權的皇帝只有兩位——隋文帝和隋煬帝。

大興城規模很大，面積約八十三平方公里，比明清時期的北京城還大，是中國歷史上規模最大的都城之一，也是當時世界少有的大都市。它的城市設計，被很多國家效仿。

大興城內，採用橫平豎直的街道，劃分出棋盤狀的方格，每個小方格便是一個里坊。整座城池，布局井然有序。最北方是皇宮，是皇帝住的地方；往南是對稱的皇城，是官署所在；再往南就是民居了。隋唐時代有「宵禁」，人們晚上不能擅自進出里坊。

原來是這樣啊

建築家宇文愷

宇文愷是負責修建大興城的建築家。能夠規畫並成功打造這麼大的一座城市，非常了不起。現在，人們仍然對唐長安城的進步規畫津津樂道。除了長安城，他還建造了洛陽城，以及皇帝的宮殿仁壽宮。

歷史事件02

隋朝初期曾有的好時光

新朝代的新規矩

隋朝統一後，如何治理國家，是最大的問題。楊堅很重視法律，他命令大臣擷取魏晉南北朝各代法律的優點，制定隋的法律。五八一年，終於完成了《開皇律》這套最高刑法法典。

《開皇律》按照罪行的嚴重程度，具體分為《名例律》、《衛禁律》等十二篇，但它並不像之前的法律那麼繁雜。這部法典無論是篇目名稱，還是順序結構，被後來的唐朝律法大致繼承，可

大事記

世界	593年，日本飛鳥時代開始，聖德太子攝政
中國	590年，隋文帝改革府兵制
中國	600年，隋朝受到西突厥攻擊

見它的理念在當時應是十分先進、合理。

《開皇律》制定出來，卻難以推行，原因在於各地的世家大族作梗。從魏晉時期開始，按照出身高低選拔官員的九品中正制，是最重要的選官制度，世家大族把持了進入朝廷做官的管道，久而久之，形成長達數百年的世族政治。

新王朝的統治者楊堅，當然想要加強中央集權，但如果直接宣布廢除過去的選官制度、強推新的法律，實在太過強硬了，應該會遭受強烈反抗吧？所以楊堅首先對魏晉以來的地方行政制度進行改革。他取消了「郡」這個地方行政單位，這樣一來，自然也就不需要在郡裡專門負責選拔人才的中正官了。經過十多年的漸進式改革，州、縣兩級的中正，逐漸被廢除。楊堅以高超的政治手段，終於剜（ㄨㄢ）除了九品中正制這個毒瘤，把選拔人才的權力收回手中。

▲隋朝進行人口普查。

隋朝是怎麼收稅的？

隋朝剛建立的時候，地方隱藏人口的現象十分嚴重，很多失去土地的農民，為了填飽肚子，不得不賣身給地方世家大族，為那些大地主耕地。他們辛勤勞動，年復一年，所收穫的糧食，卻得繳一半以上給地主，生活非常困苦。而且因為他們沒有戶口，國家收不到賦稅，因此真正得利的只有大地主。

為了改變這種情況，大臣高

頒提出了「輸籍法」，規定每年由縣令帶領里長、保長，進行戶口普查，將所有農民都統一編入國家戶口，再通過均田制，使農民重新擁有屬於自己的農田。

「均田制」其實並非隋朝首創，早在北魏時期，國家就開始按照人口數量來分配土地了，這個方式一直延續到隋朝。不過，由於隋朝實施輸籍法，農戶數量大增，所以農民平均分得的田地也就減少了。朝廷為了彌補他們，把規定上繳的稅收也減輕了一半。這樣一來，老百姓的收穫多了，稅少了，生活也就更好了。

此外，楊堅還對西魏時期就有的府兵制度進行改革。他廢除府兵的兵籍，使他們變成民戶，讓軍人

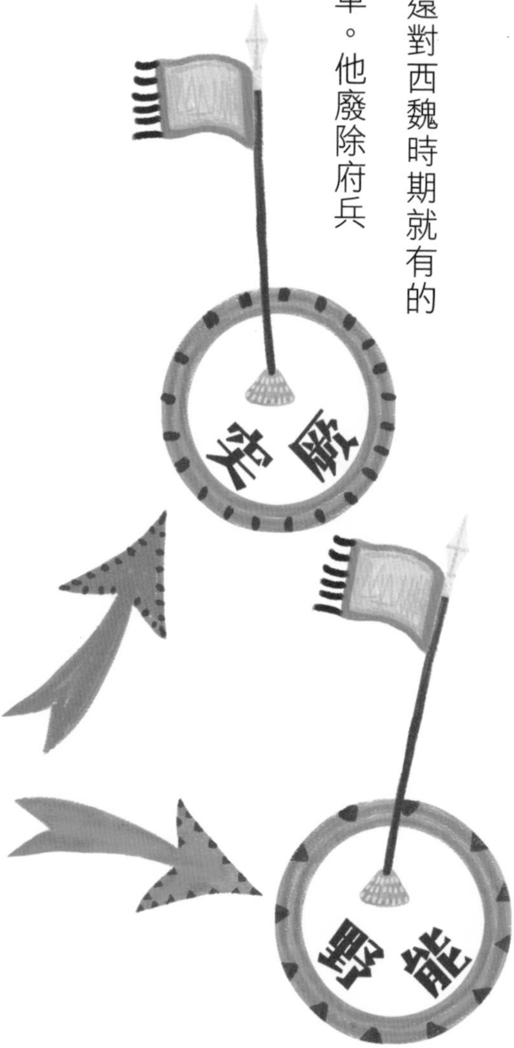

也擁有屬於自己的田地，而且不需要繳稅，形成兵農合一的新制度。府兵在享受權利的同時，也要履行義務，平日參加軍事訓練或戰爭時，自己負擔自己的糧食。這樣一來，就大大減輕了國家的負擔。

來自草原的新對手

楊堅整頓府兵制的重要目的之一，就是跟北方的突厥對抗。五五二年，遊牧民族突厥，在大草原上建立了一個強大的國家，稱為突厥

▶ 隋朝軍隊進攻突厥和野能。

汗國。他們比匈奴更強大，也更難對付。

隋朝剛建立時，突厥就對中原發動了戰爭。不過，楊堅這個開國皇帝，當然也不怕打仗。五八三年，隋軍奪回先前被搶走的土地，之後雙方又較量了幾次，突厥汗國連連戰敗，導致內部極不穩定，最後分裂成東突厥和西突厥。在力量分散之後，突厥也就無力進軍中原了。

除了平定北方，隋朝還降服了南方交州地區的野能國，範圍包括今天的越南北部、廣西以及廣東的一部分。

歷史事件03

隋煬帝的「炫耀」之旅

楊廣登基

六〇四年，雄才大略的隋文帝楊堅去世了，他的二兒子、三十五歲的楊廣繼承皇位，史稱隋煬帝。楊廣本來並沒有繼位資格，但他一直小心翼翼的偽裝，做出勤奮、謙虛、夫妻恩愛的樣子來討好父母，費盡心思，讓楊堅廢掉了原來的太子楊勇，這才得到繼承皇位的資格。

楊廣登基之後，大興土木，勞民傷財，沉迷於奢侈享受。他非常排斥那些敢說真話的大臣，是個獨斷專行的暴君，最終毀掉了隋朝的根基。

楊廣想將糧食更豐富的洛陽，建造為副國都。建築大師宇文愷按照楊廣的喜好，把洛陽城設計得非常華麗。官員們網羅天下珍奇來裝點這座都城，城中有泉水和小河，中央大道貫穿南北，宮殿的柱子非常粗大，需要兩千人從江西拖來。這樣奢侈的工程，要動員數以百萬計的勞工參與建造。

六一〇年，楊廣在洛陽城舉行慶典，西域各國的首領都前來參觀並大開眼界。慶典期間沒有宵禁，來訪的各國首領可以通宵玩樂，飽嘗美食，觀賞各種珍奇寶貝。相形之下，百姓的生活卻很艱難，非常諷刺。

大事記

世界	
中國	600年，楊廣被立為太子
	604年，隋文帝楊堅去世，隋煬帝楊廣即位
	605年，隋開始修建洛陽城。開鑿大運河，隋煬帝南巡

▲隋煬帝楊廣獨斷專行，不聽他人意見。

修建大運河

隋朝水運便利，然而，中國的河流大都是東西方向，這讓喜歡南方的楊廣覺得很不滿意。六〇五年，楊廣下令開發一條以洛陽為中心，北至涿郡（現今北京），南至餘杭（現今杭州）的南北方向的大運河。但是，人工挖河道的工程實在太浩大，挖到第三段永濟渠時，男性勞工已經不夠用了，連女子也被徵召來修渠。光是修建這一段河渠，就動用了上百萬人，有近半的勞工不堪操勞而死。

六〇五年，通濟渠剛修好，楊廣就乘著新打造的龍舟到揚州遊玩。這次南巡耗費了大量民力，光是在岸上拉動龍舟的縴夫，就動員好幾萬人。

◀隋煬帝南巡時搭乘的大龍舟非常豪華。這幅圖的原型是湖北木雕船——隋代大龍舟。

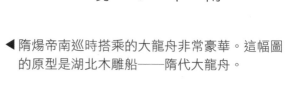

一路上，地方官員紛紛獻上精美的貢品，如果皇帝滿意就能升官，不滿意就可能被殺頭。

楊廣這趟鋪張浪費的巡行，有如一趟展示國力的「炫耀」之旅，卻害苦了百姓，既要修宮殿、挖運河、造船造車，又要蒐羅漂亮的花草樹木、飛禽走獸、山珍海味，完全沒有休息的時候，甚至連自家的田地都沒辦法耕種了。

不過，楊廣也並非毫無建樹。繼楊堅廢除九品中正制，楊廣參考以前的人才選拔方法，創建了科舉考試制度的雛形，直接選拔有才學的人，讓他們為朝廷做事。

科舉考試制度，讓家境貧寒的讀書人，也有機會憑真才實學獲得朝廷重用，施展才華。不過，隋朝的科舉制，並沒有完全取代由地方推薦人才的做法；直到唐朝，科舉才真正成為選拔人才最主要的方式。

成語講堂

罄竹難書

形容作惡太多，多到無法一一記錄下來。

隋煬帝楊廣的殘暴統治，激起人民反抗，最著名的就是瓦崗寨起義。起義的首領李密，寫了一篇討伐楊廣的文章，文章中形容，即使把南山的竹子都砍來做成竹簡，也寫不完楊廣的罪惡。

歷史事件04

隋朝被戰爭拖垮

反抗隋朝的勢力據説多達兩百個。最後是誰勝利？

六〇七年，楊廣前往北方巡行，視察疆土。連綿不斷的山路讓他非常不滿。於是朝廷便徵召了黃河以北、十幾個地方的勞工，鑿穿太行山，挖出一條寬闊的隧道。

隋煬帝這趟巡行，行程包括前去視察已歸順為隋朝屬國的東突厥，東突厥啟民可汗，特地在草原上修築了一段通往今天北京的大路，歡迎隋煬帝。這段路非常寬闊，方便大批馬車行駛。

▶ 隋朝決定攻打高句麗。

大事記

世界

607年，日本遣隋使小野妹子來訪

610年，穆罕默德開始在麥加傳播伊斯蘭教

中國

607年，隋煬帝北巡

608年，隋朝擊敗吐谷渾

612年，隋朝開始進攻高句麗

開疆拓土太勞民

隋文帝楊堅的時代，為了防禦突厥，曾經四次修建長城，完成了現在西北地方寧夏靈武到陝西榆林的一段。六〇七年，楊廣北巡途中，路經這段長城，決定再次啟動修築長城的工程。這次，他又徵召了一百多萬名勞工，沒日沒夜的勞動，將長城繼續向東修建。這段長城，保護了啟民可汗的地盤，卻累死了許多隋朝百姓。

降服東突厥之後，阻礙絲綢之路暢通的吐谷渾（西北方部落，祖先是遼東鮮卑族），成為楊廣的主要外患。六〇八年，在當地商人設計配合下，隋朝與歸降的遊牧民族敕勒族聯合出兵，擊敗吐谷渾，降服十萬多人，收穫三十多萬牲畜。隋朝的領土延伸到現在的祁連山下。

▼隋朝百姓修路。

出征高句麗失利

隋朝東邊還有個強硬的鄰居——高句（ㄍㄡ）麗，是隋朝的心腹大患。五九八年，高句麗發動上萬騎兵進攻隋朝，當時楊堅準備召集三十萬人進行反擊，但是後勤補給不力，部隊吃不飽又染上瘟疫，只能退兵。

為了打敗這個難纏的對手，楊廣醞釀了很長的時間。除了修築一條條運河、馳道，連接通往遼河邊境戰場的道路，強化後勤運補，而且向全國富人徵稅，專門用來籌措糧草。他甚至命令設計大興城的宇文愷，在遼河上打造一座木製的巨大浮橋，好讓他指揮大軍進攻高句麗。

楊廣雄心勃勃的征討高句麗，但是戰事並不順利，高句麗在遼河東岸的城池頑強抵抗，隋朝士兵死傷過半。三次對高句麗的戰爭均告失敗，百姓也已經忍無可忍，全國各地都出現反隋勢力，最終造成隋朝覆滅。

經過短暫的隋末亂世，一個名叫李淵的隋朝外戚，建立一個新帝國——唐。

唐

文：書魚，陸西漸
繪：蔣講太空人（時代背景，歷史事件）
Yoka（衣食住行，歷史事件）

時代背景

實力強勁的帝國

唐朝是中國古代國力最強盛的朝代之一，它統治的地域十分遼闊，對外頻繁進行文化交流。因為有源源不斷的物資及文化交流，唐朝人民的生活比之前更為進步繁榮，也將大唐文化傳入了日本、朝鮮、阿拉伯等地區，影響了世界文明。

寬容開明的時代風氣

唐太宗李世民統治期間，唐朝邁向全盛，周邊少數民族都前來朝拜歸順，稱李世民為「天可汗」。這個國泰民安、經濟文化繁榮、對外交流頻繁的盛世，

被稱為「貞觀之治」。

唐朝是一個詩歌盛行的時代，古風、樂府、律詩、絕句等多種詩歌文體，都發展到巔峰。大器飄逸的詩仙李白，憂國憂民的詩聖杜甫，詩句通俗易懂的寫實詩人白居易，嘔心瀝血的詩鬼李賀，寄情山水田園的王維和孟浩然，擅長寫遼闊邊塞的王昌齡、高適和岑參……後世對唐詩的精采、唐朝詩人的才華，只有嘆服二字。

科技方面的表現也毫不遜色。僧人一行禪師、畫家梁令瓚等人，具天文、算數專長，製造了黃道游儀和水運渾天儀。

水運渾天儀是一個十分巧妙的計時機械，是世界上最早的機械時鐘裝置，也是現代機械類鐘錶的起源。

一行禪師還受詔進行大規模天文大地測量，提供了相當精確的地球子午線一度弧的長度。

雕版印刷術也在唐朝初期出現，這項發明促進了書籍傳播，並且傳到西方國家，促進世界文化發展。醫學方面，「藥王」的孫思邈，透過不斷踏查、積累、記錄，完成了《千金要方》，這是中國第一部百科全書式的醫學典籍。孫思邈認為人命重於「千金」，因此以「千金」做為書名。孫思邈後來又接受朝廷邀請，參與編撰《唐新本草》，這部書於六五九年完成，是世界第一部由國家頒布的藥典。

展現高度文化自信

唐朝具有高度的文化自信，對外來文化採取寬容開明、兼收並蓄的政策。祆（ㄒㄧㄢ）教、景教、摩尼教、伊斯蘭教，此時陸續傳入中國，而佛教則在這段時期完全漢化。佛教涉及中國文化的各個領域，對中國政治、倫理道德、哲學思想、文學藝術、民俗傳統，都產生深遠影響。

唐朝國力強盛，周邊國家紛紛組團前來學習中國文化。以日本為例，七世紀初至九世紀，約兩個半世紀的時間裡，先後派出十九次遣唐使團。在唐文化的影響下，日本推行大化革新，吸納了唐朝的政治經濟體制，甚至建築、文字、服飾，都有唐文化的基因。唐朝商人的船隊遍布世界各個角落……至今，很多國家的華人聚居區仍叫「唐人街」。

衣食住行

生活在唐朝

衣

古代服飾，在唐朝發展出新貌。

隨著對外交往頻繁，外族的衣著樣式傳入中原，唐朝服飾博採眾家之長，在款式、色彩、圖案等方面，呈現出前所未有的變化。

男子的日常穿著，是純色的圓袍衫。「袍」是有裡子的夾衣，「衫」是單衣，兩者是當時最典型的外衣。這個時期的衣服特色是：圓領、窄袖、右衽（左

側在上，右側在下），領口、前襟各有一枚盤扣扣住，長度在小腿至腳面之間。腳下普遍穿著遊牧民族傳過來的皮革靴子。

中唐以前，無論是農婦還是妃子，平日都穿高腰襦裙。雖然樣式差不多，但國家規定，貴重的綾紗錦緞、大紅大紫的顏色、金銀珠玉的首飾，只有貴族才能穿戴。平民只能穿粗麻布，顏色也只能用淺黃、白、青、皂等。

受西域風俗影響，唐朝女子流行穿男裝，而且往往穿著窄袖露胸的服飾，凸顯了唐朝社會風氣的開放。不過，貴族女子出門，須戴一種能把全身罩起來的帽子——羃䍦，後來，又改戴罩紗變短的帷帽。唐朝女子還愛在臉上貼花鈿，有各種繁複的圖案，顏色以紅色最常見。

食

唐朝的飲食內容非常豐富，光是餅類，就有蒸餅、烤餅、薄餅、油煎餅等等。此外，受惠於頻繁的對外交流，人們還能吃到來自地中海的萵苣、印度的刀豆、波棱國（現今尼泊爾）的菠菜……

唐初，人們想喝茶，得去藥材店花大錢購買。到了唐玄宗的時候，喝茶已更普及，不過，當時的茶水，會添加蔥、薑、胡椒、大棗、薄荷等佐料。後來「茶聖」陸羽提出不一樣的煮茶方法，大受上流社會歡迎。

釀造葡萄酒的方法也從高昌傳來，有記載說，唐朝名臣魏徵，就是釀造葡萄酒的高手。

住

長安城內，有坊、有市，區域是劃分開的。坊是人們居住的住宅區，市是買賣東西的商業區，有東市和西市。

到了晚上，你會看見東西兩市很安靜，但人們可以在坊內過著熱鬧的夜生活。唐朝前期的法律嚴格規定，晚上不能擅出里門，否則會觸犯宵禁，又叫「犯夜」。唯有上元節不設宵禁，特別熱鬧！

貴族高官的住宅規模很大，有用迴廊連成的院子，還有由假山、水池、樓閣組成的園林，不少大臣還在自家庭院建球場。平民百姓，一般以房屋圍成狹長的四合院，貧困家庭就只有一兩間小屋，用籬笆圍成院子。

唐人延續南北朝和隋的傳統，推崇佛教，學習印度的樣式，建造了許多佛塔。這些佛塔的造型與結構，模仿古代的木塔，外觀呈四方形，材料以磚、石為主，最著名的是位於西安的大雁塔。

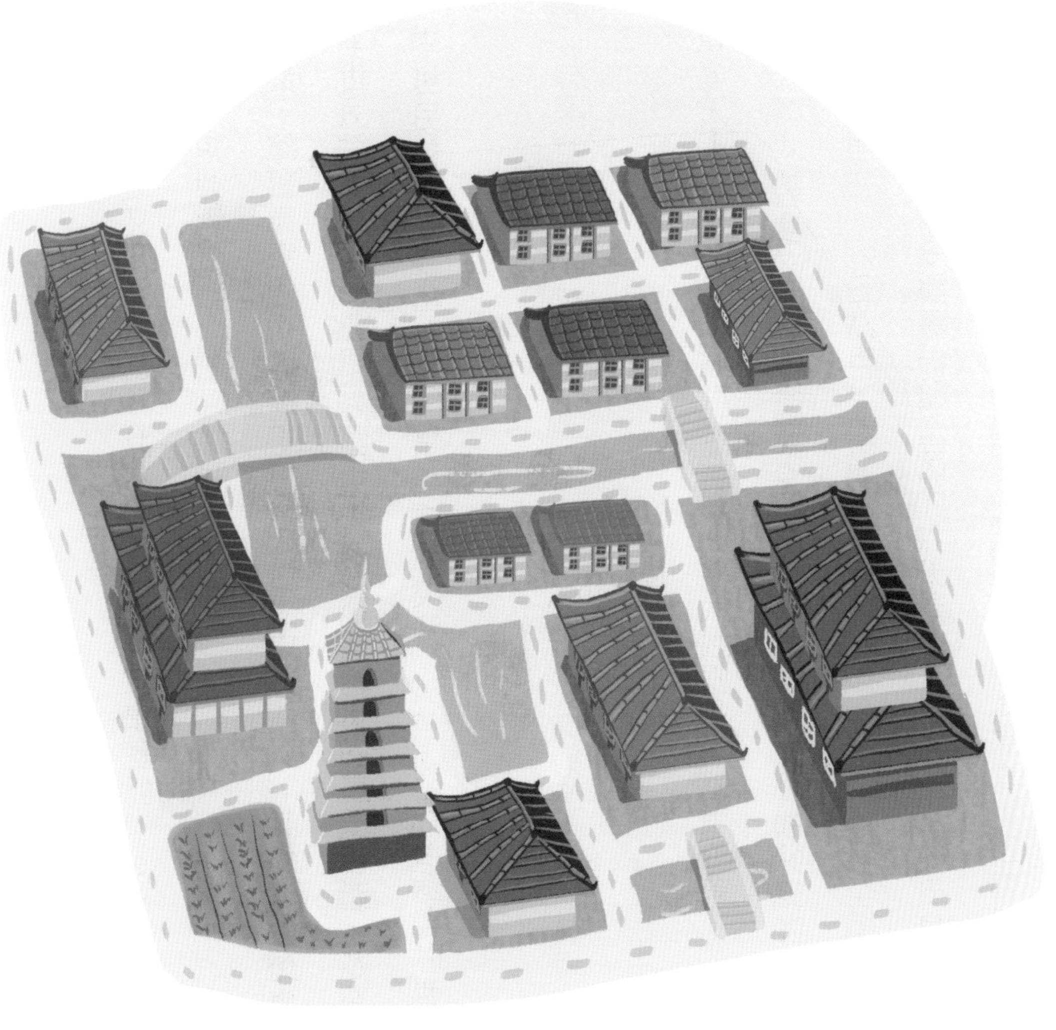

行

唐朝流行騎乘，無論是皇帝、文臣武將，還是平民百姓、僧尼，出門都喜歡騎馬、騎驢。還有一種流行的交通工具——肩輿，它是轎子的前身。這種由人力抬起的交通工具，一開始只有貴族乘坐，後來漸漸普及各階層。

用

唐朝人去市場買東西，用的不是隋朝的五銖錢，而是唐高祖在六二一年下令鑄造的「開元通寶」。貨幣的計量單位也革新了，不再使用以二十四銖為一兩的二十四進位來計算，而是改用兩、錢、分、厘的十進位法。

中國是世界最早鑄造金屬貨幣的國家，早在春秋時期，就有貝殼樣式的銅錢。西元前一一八年，漢武帝下令鑄造五銖錢，這種錢幣一直沿用到唐初，而且經由絲綢之路，大量流入西域，影響當地的錢幣樣式。龜茲國在三世紀開始鑄造的「龜茲五銖」，就是模仿五銖錢「外圓內方」的樣式。

唐朝鑄造的開元通寶，後來也成為西域

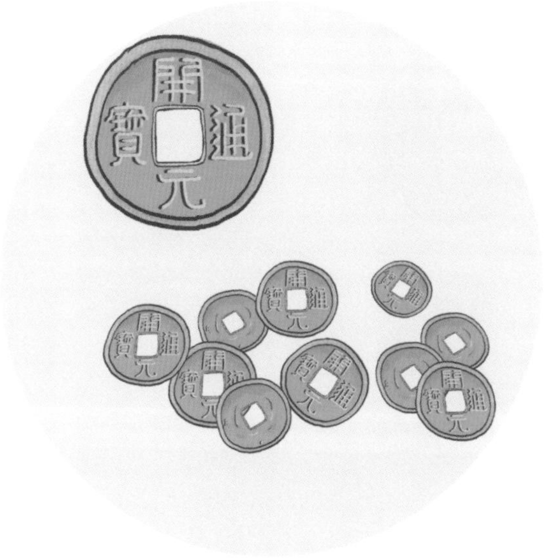

諸國模仿的鑄幣典範。位於中亞烏茲別克的粟特城邦（古稱康居國），就鑄造過「山寨版」開元通寶，正面是漢文「開元通寶」四字，背面是粟特文、族徽或素背；有些正面是粟特王徽、族標，背面是粟特文的王名、稱號。

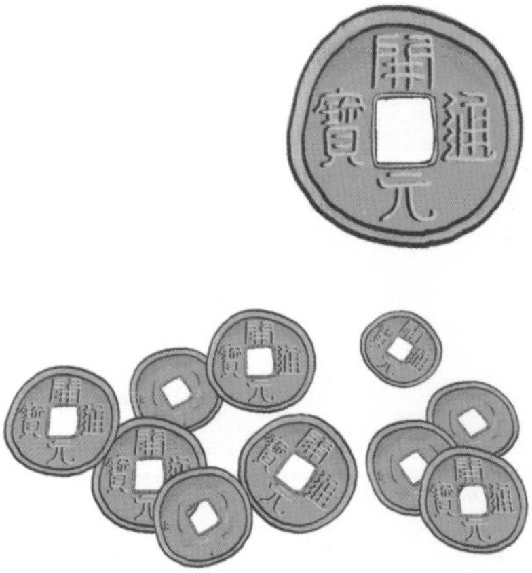

歷史事件01

從亂世中崛起的大唐王朝

李世民是怎麼當上皇帝的？

李淵嶄露頭角

隋煬帝楊廣的殘暴統治，引發各地起義。六一五年，楊廣的表弟李淵被派到太原，負責防禦北方的突厥入侵，以及鎮壓當地的反隋勢力。

起義軍在全國各地勢如破竹，李淵見隋朝滅亡已是大勢所趨，便動了取而代之的念頭。他覺得時機成熟，便在謀士裴寂、劉文靜和次子李世民的建議下，以「清君側」的名義起兵了。

李淵首先誅殺了隋煬帝派來監視他的官員，隨後派劉文靜出

大事記

世界

中國

618年，隋煬帝楊廣去世。
唐高祖李淵即位，建立唐朝

626年，玄武門之變爆發。
唐高祖李淵退位，唐太宗李世民即位

使東突厥，得到始畢可汗支持，又派大兒子李建成和二兒子李世民進攻西河郡，讓四兒子李元吉留守太原，自己則發兵長安。僅僅半年，就成功攻克了都城。他奉楊廣的孫子楊侑（ㄧㄡˋ）為皇帝，尊楊廣為太上皇，自封為大丞相、唐王。

六一八年，楊廣在江都（現今江蘇揚州）被部下宇文化及殺害，李淵得到消息後，便廢黜楊侑，自己稱帝，這就是唐朝的開始。

李淵登基之後，處理隋朝留下的各種問題，確立了唐朝的政治制

度，為唐朝的繁榮奠定基礎，後人稱之為「武德之治」。

李世民逼宮

為了一統天下、鞏固政權，唐高祖李淵向各地起義軍及割據勢力發動了戰爭。在統一天下的戰爭中，李世民戰功卓著。

建立唐朝之後，李淵將大兒子李建成立為太子，負責處理中央事務；有戰功的二兒子李世民，被封為秦王，繼續領軍出征。隨著唐朝

▼李世民發動玄武門之變，
獲得皇位。

完成統一，戰爭進入尾聲，立下不少功勳的李世民聲望極高，手下又有一批對他效忠的文臣武將。

太子李建成擔心李世民危及他的地位，就刻意拉攏齊王李元吉。他許諾，只要自己能登上皇位，就封李元吉為皇太弟。李建成、李元吉聯手，排擠、陷害李世民，而李世民與他的手下也不會坐以待斃，兩派勢力明爭暗鬥。

在李淵偏袒下，李建成集團漸佔上風，李世民決定背水一戰。六二六年，李世民率領親信部將，在玄武門發動政變，殺了李建成和李元吉，讓李淵封他做太子。兩個月後，李淵把皇位禪讓給李世民，也就是歷史上著名的唐太宗。

中央：三省六部

唐朝基本延續了隋朝的官制，稍加改造，成為後世沿用的三省六部制。三省六部的職權，劃分得很明確：中書省負責草擬皇帝的詔令；門下省負責審核政令，覺得難以實施的就退回去；尚書省負責執行國家的重要政令。

六部則是尚書省下面所設的機構，分別是吏部、戶部、禮部、兵部、刑部、工部。三省互相制約、互相監督，誰也沒辦法獨大，保障了皇帝的最高權威。

軍隊：府兵制

唐朝前期的兵制，延續了北魏與隋朝的府兵制度，兵將平時不在一起，將領難以形成擁兵自重的局面。府兵服役的時候不用納稅，一旦出征，要自備武器和糧食。這樣可以減輕官府的財政壓力。

另一方面，唐朝在隋朝均田制的基礎上，實行租庸調制。成年男子每年向官府繳交一定數量的穀物，叫做「租」；繳交一定數量的絹和布，叫做「調」；在服役期限內不願去服役的話，可以用絹或者布來代替，叫做「庸」。這個制度可以保障國家正常運轉，也可以減輕農民的壓力。

地方：道州縣

地方管理制度，唐朝採用的是「道—州—縣」三級制。「道」是一級行政區，全國分為十個道，不定期的派巡察使前去巡視。唐玄宗時，增加為十五個道，道的長官改為常任官員。到了晚唐，藩鎮林立，更增設為四十七個道。

唐朝在偏遠的邊疆地區，實行羈縻政策，任命當地少數民族首領為羈縻府州長官，他們雖然向唐朝稱臣納貢，但是可以實施自治，賦稅不入大唐國庫。這個政策很有效，增強了唐朝在少數民族地區的影響力。

選才：優化科舉制

選拔人才方面，唐朝優化了隋煬帝建立的科舉取士制度，每年定期舉行科

舉，但增加常設的考試科目，除進士科之外，還有明經、明法等科目。考核項目也比隋朝更多，比如進士科，在隋朝僅考試策論，也就是對時事和政治的看法，但在唐太宗時則加試了儒家經典和歷史科目。此外，唐朝還很重視考生的詩賦水準。

經濟：宏觀調控糧價

六二八年，唐太宗命令全國各地都要設置「常平倉」。常平倉的做法，是在市場擁有大量糧食、糧價過低的時候，進行大量收購，使糧價適當提高；在市場缺少糧食、糧價過高的時候，進行出售，使糧價適當降低。透過這個措施，宏觀調控糧食價格，保障糧食儲備，穩定糧價。

歷史事件02

唐太宗時的國際交流

在唐朝上學

六二六年，唐太宗李世民即位，次年改年號為「貞觀」。唐朝在他統治下，邁向全盛，後代的歷史學家將這個時期稱為「貞觀之治」。

早在晉武帝時，一個獨立的國家教育管理機構——國子學就已經誕生了，後來楊廣將它改名為「國子監」，設「祭酒」一人，專門管理教育事業。祭酒類似現在的教育部部長。

李世民非常重視文化、教育，國子監的職權因此更為擴張，成為專門研究、學習儒家經學的最高教育機構。隨著國子監擴招，越來越多的學者進入長安，都城的學術氛圍更加濃厚了。

李世民還下令編纂儒家典籍和注疏解釋，由於這些經書典籍已有上千年歷史了，所以他特地請來大學者孔穎達等人，負責訂正經書文本，並聯合其他學者做詳細的注釋。這些經文和疏義，就是我們後代所熟知的《五經正義》。這本官方教材出現，為唐朝的儒家教育奠定基礎，也促進了儒學的興盛。

唐朝留學生

唐朝的文化發展，吸引了四周鄰國的目光。

東鄰日本，在隋朝時後，曾先

後四次派「遣隋使」來訪，其中，小野妹子（日本飛鳥時期的外交官）兩度擔任遣隋使，率使節團來學習，有點兒像現在的留學生。

在李世民的治理下，唐朝的對外交流更加活躍，日本更是前後共派遣十九次使節團，來向大唐學習先進的技術與文化思想，這些使節被稱為「遣唐使」。

擔任遣唐使，需要一定的漢字造詣，這是最基本的要求，如同現在要出國留學，一定要學好當地的語言一樣。遣唐使必須熟悉漢字，

▶ 日本遣唐使來中國學習。

能運用自如，才能進一步研究中國典籍，將文化思想帶回自己的國家。日本當時的社會發展遠不如中國，遣唐使帶回的相關典籍、律令等文書，是日本人十分渴求的。

六四六年，日本進行著名的「大化革新」，這是一次由上而下的政治經濟改革。日本仿照唐朝的政治制度，確立了中央集權的政治體系，又成立了大學寮和國學，更加重視教育。

東北方、朝鮮半島的高句麗，也與唐朝密切往來，高句麗的使節從唐朝帶回很多儒家典籍。

佛教在唐朝

唐朝盛行道教和佛教，同時也有三夷教、基督教、密教等宗教。大批外國人帶著他們的文化習俗來到唐，在這裡生活。開放

大事記

世界
- 613年，法國墨洛溫王朝重新統一法蘭克王國
- 630年，日本第一次派遣唐使（犬上御田鍬）來訪

中國
- 627年，玄奘前往天竺

且包容的長安，是當時數一數二的國際化大都市。

唐朝皇帝自認是道家創始人老子的後人，所以初唐時期，朝廷推崇道教。後來，武則天在位期間，則是崇尚佛教。

與李世民關係最密切的僧人，是著名的高僧玄奘，他也是小說《西遊記》中的

◀玄奘去天竺取經。

唐僧原型。歷史上真實的「唐僧」——玄奘，他的取經之行，其實是一次私人學習之旅，他在六二七年從長安出發，歷盡千辛萬苦前往佛教發源地天竺學習。在天竺生活了十五年之後，玄奘帶著佛學經典回到長安，獲得唐太宗的贊助和支持，讓他能夠專心從事翻譯佛經的工作，並且能以官方名義進行傳播。憑藉這次功績，玄奘成為了中國佛教史上的偉人之一。

除了取經，玄奘在漫長旅途中，也考察了天竺以及沿途中亞地區的地理風俗、政治制度等。歸國後，玄奘為李世民講述了這些地區的詳細情況，並由他的弟子辯機，把旅途見聞整理寫成《大唐西域記》，有了這些資訊，對於後來唐朝對西域的軍事行動很有幫助。

歷史事件03

善用人才的一代明君

李世民用人唯才

唐太宗李世民治理國家十分成功。他對刑罰措施十分慎重，他認為，唐高祖時期的部分法律條文過於嚴苛，治理國家應該施行更寬厚的政策。所以六二七年時，他讓大臣重新修訂法典。這是一項龐大而艱巨的任務，耗費十年時間，才完成這部《貞觀律》，減少死刑，也減輕很多小罪的處罰，讓百姓不必為了一點小錯而戰戰兢兢。

李世民最為後人稱道的，是他「任人唯賢」，不論出身高

大事記

世界
- 642年，整個埃及納入阿拉伯帝國的版圖
- 646年，日本大化革新

中國
- 637年，唐朝頒布《貞觀律》
- 641年，文成公主入藏
- 645年，玄奘返唐，翌年《大唐西域記》整理完成

低貴賤，不分是否曾效力於他的敵人，只要確實有才華，他就會委以重任。比如他最信任的大臣魏徵，原本是李建成的部下，甚至還曾出謀畫策、打擊李世民，但在歸順李世民後，有才幹的魏徵依然得到重用。

魏徵認為，先前天下大亂，社會才剛恢復安定，正是施行仁政，教化子民的時機。李世民採納了魏徵的建議，登基後，在百廢待興時，向天下頒布新法、安撫萬民，為「貞觀之治」鋪路。

▶ 李世民虛心聽取
魏徵的意見。

少了諍言就易昏庸

李世民與魏徵的君臣情誼，被後世津津樂道。

有一次，李世民問魏徵，現今他所下達的政策，是否比他剛登基時更受到百姓歡迎。魏徵說：「您在貞觀之初，還能聽從臣子的建議，但是現如今，卻漸漸厭惡臣子的直言啦。」李世民聽了之後並沒有生氣，虛心改正了自己的毛病。

後來魏徵病死了，李世民非常難過，流淚對身邊的人說：「一個人用銅做鏡子，可以看自己的衣帽是否穿戴整齊；用歷史做鏡子，可以明白國家興亡的原因；用人做鏡子，可以發現自己的缺點。魏徵就是我的一面鏡子，他總是告訴我哪兒做錯了。現在魏徵去世了，我失去了一面鏡子！」

的確，沒了魏徵的諍言，晚年的唐太宗，做出一些錯誤的重大決策。

李世民剛登基的時候，世家大族仍把持政治權力，這當然不利於國家發展，於是李世民下令編纂一部全國的姓氏族譜，藉此提高李氏皇族的地位，打壓那些豪門世族。六三八年，這部《氏族志》成書，收錄了全國兩百九十三個姓氏，分為九個等級，皇族李姓排在第一等，李世民和他父親的母系親戚排在第二等，天下公認的「清河崔氏」等名望大姓則被排在第三等。

各族歸順天可汗

李世民最大的軍事成就，是平定東突厥。與李淵消極避讓的做法完全不同，李世民採取強硬的態度，利用東突厥遭遇雪災的重要時機，派遣名將李靖發動夜襲，擊垮東突厥。頡利可汗在逃亡途中被擒獲，其餘人隨後也投降了唐朝，東突厥就此滅亡。

之後李世民又調兵遣將，在天山北路建立軍事基地，征討西突厥。西突厥統治西域大部分地區，不能硬來，於是李世民利用對方內部權力鬥爭，扶持親近唐朝的可汗上位，讓西突厥陷入內亂，再也難以構成威脅。實力強盛的東西突厥，相繼被征服，其他西域小國也陸續歸順。

六三〇年，西域各部族的首領到長安拜見李世民，請他接受「天可汗」的稱號。

「可汗」是西域各族首領的尊稱。各族給予李世民「天可汗」的稱號，實際上是給予他仲裁各族之間糾紛的權力，可見大唐皇帝在西域的威望。但是李世民仍以平等的態度對待各族，在長安舉行了一場極為隆重的典禮，接受各族朝拜，展現他

▼文成公主入藏和親。

開闊的胸懷和相容並蓄的高度。

不過，這一切都是史書上記載的唐太宗，歷史上真正的李世民，是不是這樣一個理想的皇帝，就不得而知了。歷史上那些亡國皇帝的殘暴和無能，也許有後人誇大的成分，例如前面我們說到的紂王。而唐太宗的優秀，當然也可能是經過了美化，然而，他能夠締造繁盛的大唐帝國，一定是有過人之處的。

原來是這樣啊

文成公主和親

六二九年，松贊干布統一西藏，建立強盛的王朝吐蕃。他十分仰慕中原文化，在六三四年派遣使者到唐朝，希望聯姻。六四〇年，李世民同意把文成公主嫁給松贊干布。

文成公主嫁入吐蕃，帶去很多東西，包括各類蔬菜的種子、藥物，精緻的手工藝品，以及關於生產技術類的書籍，還有許多擅長養蠶、釀酒、造紙的工匠。他們在吐蕃傳播工藝，促進了吐蕃的經濟與文化發展。

歷史事件04

永徽時代

李治與永徽時代

李世民晚年，為了選擇繼任者傷透腦筋。原本的太子李承乾，因為謀反被囚禁，導致李世民對於選擇哪個皇子繼位猶豫不決。魏王李泰很有才華，但是長孫皇后的哥哥長孫無忌出於私心，希望由十六歲的李治做皇帝。最後性格柔順的李治繼位，成為後來的唐高宗。

六四九年，李治登上皇位，承襲了貞觀之治的全盛局面，又有父親留下的能臣良將輔佐，國家政局穩定，農業、工藝、商業持

661年，阿拉伯倭馬亞王朝開始

668年，唐朝滅高句麗

續發展。根據六五二年的統計，全國戶數達三百八十萬戶。當時的年號是「永徽」，歷史上稱這一時期為具有「貞觀遺風」的「永徽之治」。

律法：永徽律

李世民去世前，向繼任者提出一項要求：要修訂唐朝律法，讓律法更適合社會新形勢。六五一年，唐朝頒布了新修訂的《永徽律》。六五二年，為了讓全國的司法機關有統一的判刑標準，李治下令召集精通律法的人才與一批重臣，編寫一部用於法制教育的詳細官方刑法注釋，稱為《唐律疏議》。這部書共三十卷，逐條注釋《永徽律》，並提出問題，加以解答。之後幾個世紀，這部書對歷代王朝都很有用，提供關於刑法的權威解釋。

大事記

世界
- 653年，《古蘭經》校訂完成

中國
- 649年，唐太宗李世民去世，唐高宗李治即位
- 653年，唐朝頒行《唐律疏議》
- 657年，唐朝滅西突厥

版圖：達到巔峰

李治在位時，對朝鮮半島發動戰爭，當時島上的新羅被百濟攻打，不得不向大唐求助。六六〇年，大唐軍隊攻下百濟首都，佔領了百濟全境。不久，又利用高句麗的內部動亂，攻下高句麗的首都平壤城。這一系列的軍事行動，讓大唐的勢力進一步擴張，疆域版圖達到巔峰。

▶ 李治與大臣一起編定《唐律疏議》。

工藝：唐三彩

在對外戰爭勝利的同時，朝廷並未忽略國內的經濟發展。農業經濟的發展，帶動手工藝也盛極一時，唐朝手工藝的技術水準聞名中外，唐三彩就是成果之一。

手藝高明的工匠，先在陶器上塗上一層有顏色的釉，畫上黃色、綠色、青色等顏色的花紋，經過燒製，成為顏色絢麗的三彩釉。唐三彩對國內外陶瓷製品發展產生重要影響，當時各國紛紛派遣使者來學習先進的技藝。這項技術傳播到了新羅、日本，在當地匠人手中，發展成了新羅三彩、奈良三彩。

發明：雕版印刷

物質生活水準提高了，人們對精神文化也更重視。光靠傳統的毛筆抄寫書籍，已難跟上文化發展的速度，這時，雕版印刷技術逐漸成熟。所謂雕版印刷，是指工匠先把需要印刷的文字，一筆一畫反向刻在木板上，將這塊雕刻好的木板上塗上墨

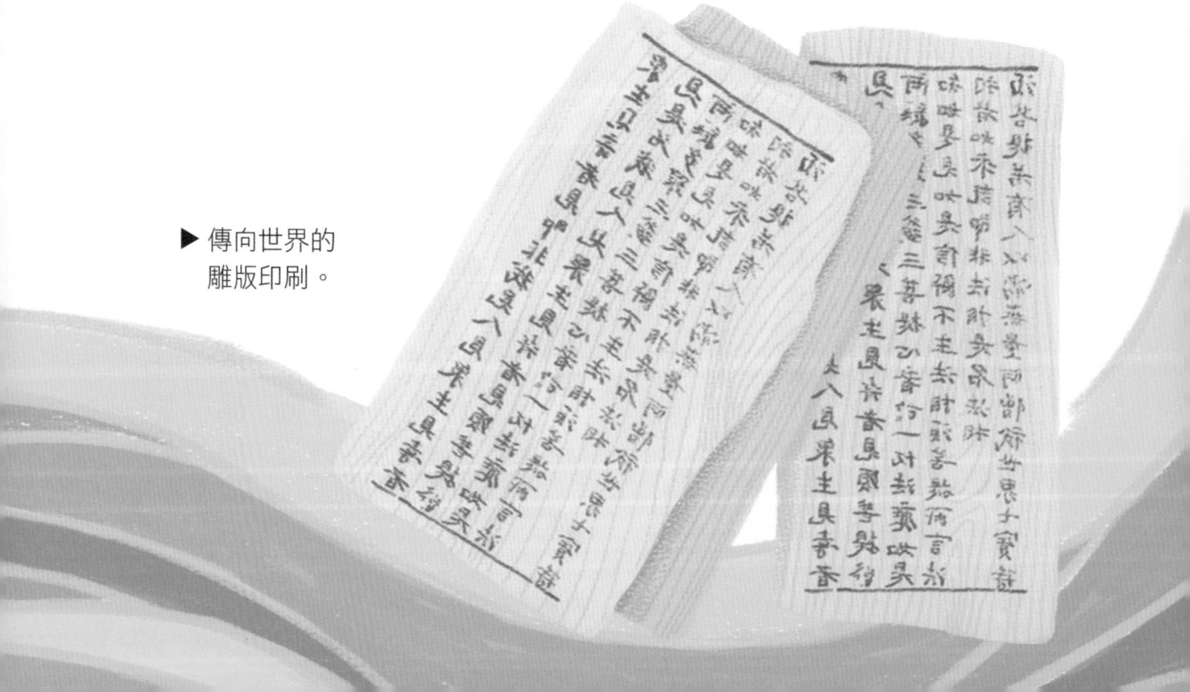

▶ 傳向世界的雕版印刷。

▶ 聞名中外的
唐三彩。

汁，把紙張覆在上面，可重複印製。相對人工抄書的速度，雕版印刷的效率大幅提高，有利於書籍普及。

早期雕版印刷，主要用在經文、曆書等實用性書籍的印刷，後來使用範圍漸漸擴大。

北宋學者沈括的《夢溪筆談》中寫：「板印書籍，唐人尚未盛為之。」意思是說，唐朝人已經掌握了雕版印刷技術，但是還沒有大規模使用。根據考證，雕版印刷術出現於唐朝初年。現存最早的印刷品，是八六八年（唐朝中期）印的《金剛經》殘卷，卷首有圖，刻印精美，現存於倫敦大英博物館。

雕版印刷術後來逐漸傳播到世界各地，促進了世界文化發展。

歷史事件05

武則天的女皇之路

唐高宗李治步入中年後，身體健康狀況不佳，他的皇后武則天藉機逐漸掌握大權。武則天並非本名，她成為皇后以後給自己起名叫武曌（ㄓㄠˋ），「則天」是她的尊號，後世人們慣稱她為「武則天」。她的父親武士彠（ㄏㄨㄛˋ）是唐朝開國功臣，在唐太宗貞觀年間擔任工部尚書。武則天進宮時只有十三歲，被封為「才人」，是等級較低的嬪妃。

出家後再入宮

六四九年，李世民逝世。按照唐朝慣例，皇帝死後，沒有子女的嬪妃，必須到感業寺出家。傳說，李治在感業寺進香時與武則天相遇，立刻萌生納她入宮的想法。當時的王皇后因為沒有孩子，也想借助漂亮的武則天來打擊其他嬪妃，便順水推舟，促成這樁美事。也有人說，其實在唐太宗還沒有去世的時候，年輕的武則天和李治就已經互相喜歡了。

娶已故父親的妻子，在現代人的觀念中是無法接受的，但中國古代北方遊牧民族卻有這樣的習俗。

六五一年，武則天再度入宮，在李治安排下，一步步登上了后位。李治中年時，經常頭暈目眩，不得不依靠旁人幫助來治理國家，最佳人選就是他最信任的妻子。於是武則天就坐在垂下的簾子後面，幫助丈夫處理政務，當時人稱為「二聖臨朝」。

大事記

世界
687年，義大利威尼斯共和國建立

中國
683年，唐高宗李治死，唐中宗李顯即位
690年，武則天廢唐睿宗李旦，即帝位，改國號為「周」

大權獨攬的女皇帝

六八三年，唐高宗李治因病去世，臨終要新冊立的太子李顯即位，並說軍國大事有不能裁決的時候，就由武則天決定。李顯即位後，武則天被尊為皇太后。李顯試圖改變武則天大權獨攬的狀況，培植屬於自己的勢力。這個做法讓武則天非常生氣，廢掉了李顯，把他貶為廬陵王，改立豫王李旦為帝，自己掌握大權。

李旦被立為新帝之後，勳貴徐敬業以扶持廬陵王李顯的名義，在揚州起兵，反對武則天。著名文學家駱賓王被招入徐敬業幕府，負責起草文書，軍中發布的命令都是駱賓王寫

◀武則天登基，成為中國歷史上第一位女皇帝。

的，著名的《為徐敬業討武曌檄》也出自此時。然而，紛紛起兵的各路人馬，都不是武則天的對手，手握兵權的她毫不手軟，派兵把他們一一鎮壓了。

六九〇年，下至黎民百姓，上至皇室宗親，超過六萬人上表建請改國號為周，勸武則天為帝。武則天終於真正登上了權力巔峰，成為中國歷史上唯一的女皇帝。她給自己改名為武曌，這個「曌」字是她獨創的，有「日月淩空、光被天地」的意思，顯示她想要立於天下人之首的雄心。

親自殿試考核人才

武則天深知，想要擁有自己的勢力，必須越過朝堂上現有的官員及宗族。為了確保新選任的官吏不涉及派系，可為自己所用，她創造了新的選官制度。武則天增設「殿試」這一關，凡是通過科舉考試的才子，武則天親自出考題，進行「面試」，並由她來決定名次。這就讓上榜者都成了「天子門生」，大家把感激的對象，從考官轉移到了天子身上。

然後是真正不拘一格的選拔人才。武則天派遣「存撫使」十人，到各地巡察並推舉人才，一年後，他們共舉薦出一百餘人。武則天不問出身，全部親自接見，依據才能高低，授予官職。武則天雖然以官位收買人心，但也會罷黜不稱職的官員，賞罰分明，所以有能力的人很樂於為武則天效力。

武則天開創新制度，雖然是為了培植個人勢力，但確實使得科舉制度

▲武舉科場考試。

更進步，之後，歷朝科舉也都採用殿試，皇帝成為最後一輪的考官，這使皇帝能更明確的選出自己需要的、看中的人。

七〇二年，武則天又仿照科舉制度，創設了武舉制，選拔軍事人才。考試項目包括射箭、馬槍、翹關（舉重）等，還要考察身材和語言能力。武舉考試也一直延續到明清時代。

治國有一套

武則天知人善任，選拔出張柬之、宋璟等著名大臣，以及擅長評斷刑獄、號稱「神探」的狄仁傑。

武則天尊稱狄仁傑為「國老」，可見他在武則天心目中的分量。武則天晚年，對於該選擇兒子還是侄子成為繼承人，猶豫不決。狄仁傑跟她說：「姑侄和母子相比，哪個比較親近呢？如果立兒子為皇帝，千秋萬載之後，還會有人在太廟中供奉你的位置。世界上哪有供奉自己姑姑的侄兒呢？」

武則天聽了這番話，連連點頭，放棄了讓侄子繼承皇位的念頭。

狄仁傑有敢於直諫的膽量，也有出色的表達技巧，使得皇位回到李氏手中。

武則天治國很有一套，她沿襲貞觀時期的政策，進一步減輕老百姓的賦稅與刑罰，經濟高速發展，國力比唐太宗時期更為強盛。她掌權時期，在貞觀之治和開元盛世之間，發揮了承上啟下的作用。

歷史事件06

開元盛世：大唐帝國最強時刻！

女皇時代結束

武則天晚年，聽從狄仁傑的建議，重新立李顯為太子，卻又把朝政大權交給張易之和張昌宗這兩個寵臣。張氏兄弟憑藉武則天的寵信，為所欲為，一直受到武則天包庇。這使眾臣明白，只有使用武力才能解決問題。

七〇五年，宰相張柬之率領禁軍，勸太子李顯來到武則天在洛陽的寢宮，殺了張氏兄弟，逼迫武則天退位。

李顯就是唐中宗，他把國號恢復為「唐」。同年年底，武則天病逝，結束

了一代女皇的傳奇人生。

受到女性皇帝武則天的影響，中國歷史上因而有這樣一個特殊時期，女性也能參與政治，比如李顯的皇后韋氏和女兒安樂公主，以及憑藉自身才華深受皇帝信任、負責起草詔令的上官婉兒，當然，還有武則天的女兒太平公主。女性如此強勢的時代，在往後的漫長歷史中，都是很難想像的。這也可以看出大唐的開放與包容。

◀唐朝女性討論政事。

李顯曾被武則天幽禁多年，昏庸無能，對韋后言聽計從。而韋后非常羨慕武則天的威風，盼望像武則天那樣開國稱帝，於是在七一〇年陰謀毒死李顯，讓太子李重茂繼承皇位，韋后則以皇太后的身分臨朝聽政。

這時，能夠威脅韋太后地位的，就只有李顯的弟弟李旦，以及妹妹太平公主。太平公主對韋太后獨攬大權非常不滿，而李旦的第三子李隆基，知道父親處境危險，決定與太平公主聯手發動政變。

七一〇年，李隆基率領事先聯絡好的左右羽林軍，攻進長安玄武門，殺了韋太后、安樂公主、上官婉兒等掌權人物，並將宰相韋溫及其黨羽盡數斬殺。幾天後，太平公主逼迫少帝李重茂退位，扶持李旦，也就是後來的唐睿宗即位。

七一二年，唐睿宗李旦計畫把皇位禪讓給李隆基。太平公主極力反對，打算發動一場政變來阻止。但李隆基已掌控大局，太平公

大事記

世界

中國

705年，神龍政變爆發，唐中宗李顯復辟

712年，唐玄宗李隆基即位

主在府邸被賜死，朝堂數十年的混亂狀態總算結束了。太平公主死亡，也代表女性操控政治的一段特殊歷史時期結束。

最強盛世到來

唐玄宗李隆基治國前期，以開元做為年號。他勵精圖治，想讓國家恢復強盛，並且任用賢能，起用當時的名臣姚崇、宋璟為宰相，後來又重用張九齡等很有作為的臣子。

李隆基重新制定官吏的遷調制度，選取京官之中有才能的官員，外調擔任都督刺史，訓練他們的基層執政能力；同時，又選取都督刺史中有作為的人才，升任京官。為了選拔人才，還親自在殿試考核吏部新錄取的縣令。

這段時期，李隆基崇尚節儉，改變武則天以來後宮奢靡之風，規定后妃品階以下的嬪妃，以及朝廷三品以下的大臣，不得佩戴金玉飾物。又遣散宮女，節省開支，關閉專為皇宮織造的織錦坊。

面對嚴重的自然災害，李隆基改革原本的「義倉制」，不再將儲備糧食上繳國庫，而是拿來救濟饑荒。透過這些措施，唐朝財政越發豐裕，全國糧倉充實。糧食豐足，價格自然就便宜。這時的大唐，進入最強盛的時期，後世稱為「開元盛世」。

文化藝術充滿活力

開元時期也是文化藝術的盛世。李隆基熱愛音樂，使得此時的音樂、舞蹈，均發展至極高水準。早在唐高祖李淵時，就有專門教習音樂和舞蹈的教坊，武則天把教坊改名為「雲韶府」，唐中宗又恢復舊稱。七一四年，愛好音樂的李隆基成立左右教坊，左教坊培育音樂人才，右教坊培育舞蹈人才。

為了彌補音樂人才不足，李隆基特地提供一座皇家園林，給負責演奏的樂

▲唐朝女性的音樂會與茶會。

工，做為培訓場所，這就是「梨園」的由來。經過多年精心經營，梨園成為中國歷史上第一座集音樂、舞蹈、戲曲於一身的綜合性「藝術學院」。李隆基親自擔任梨園的「崔公」，相當於現在的校長。他還經常指名當時的翰林學士或有名的文人編排節目。可想而知，這些藝術節目的水準非常高。

當時的音樂主要分為兩類。一類是禮儀用的雅樂、宴會用的燕樂，屬於宮廷音樂。另一類則是出自民間、以娛樂為目的的音樂。雅樂主要用於祭祀、朝會等與國家典制有關的隆重場合；燕樂主要用於宮廷宴會等較為輕鬆的場合，其中最著名的，莫過於李隆基親自創作的《霓裳羽衣曲》。一開始，這首曲子只在宮廷演出，後來因為樂調優美、構思精妙，外地的藩鎮節度使紛紛效仿排演，流傳天下，這也讓李隆基頗為自豪。

與宮廷音樂不同，民間音樂直接來自庶民生活，也是唐代教坊演出的主要歌曲類型。教坊曲中著名的《牧羊怨》、《下水船》、《採蓮子》等民歌，描繪的都是民間勞動的場景，展現民間音樂的生命力與魅力。

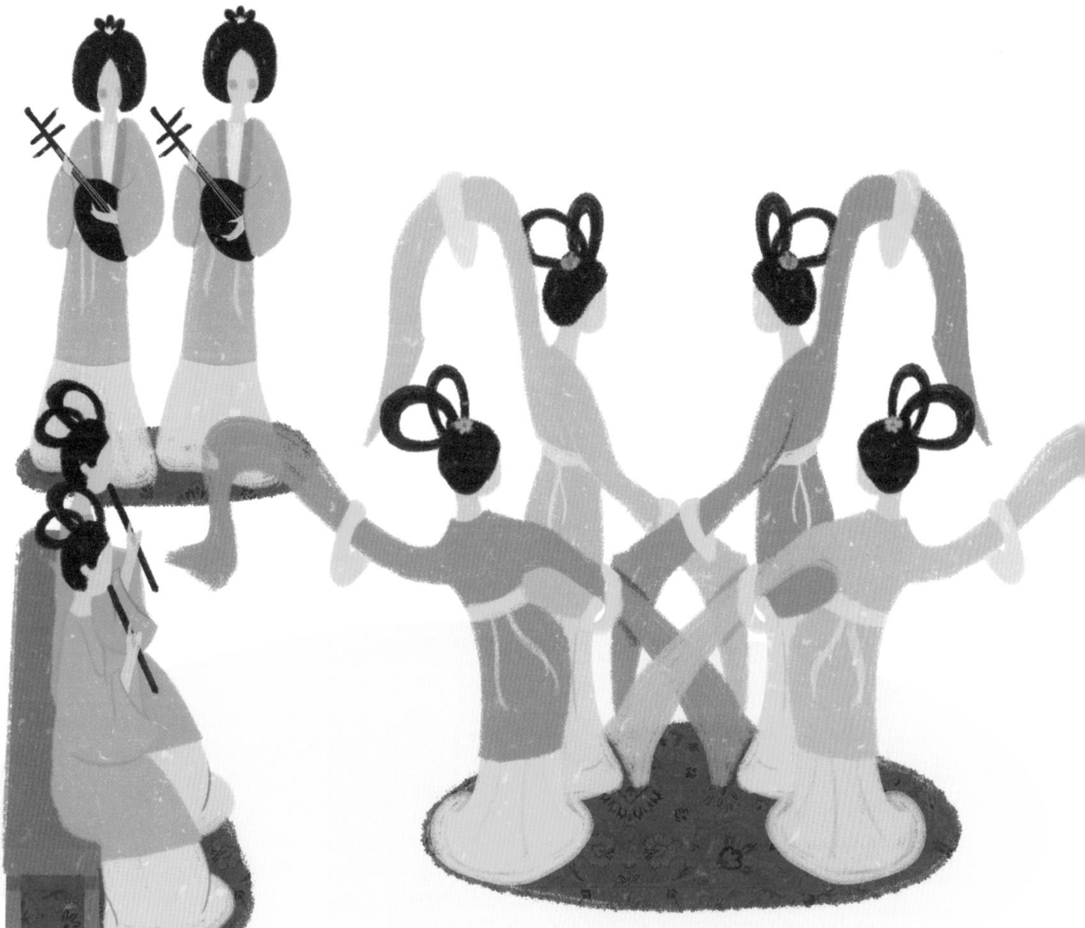

▲唐玄宗設立左右教坊，培育音樂和舞蹈人才。

唐朝是中國歷史上詩歌創作的黃金時代。文化創造力旺盛的時代背景，強化了「詩」與「歌」的天然聯繫，若是誰的詩作能夠被改編成歌，那是十分值得自豪的事情。著名詩人白居易的名作《長恨歌》，就是「唐詩入樂」的經典範例。

原來是這樣啊

日本奈良的正倉院

日本奈良有一座名為「正倉院」的博物館，收藏了不少唐朝傳入日本的精美器物及家具。95 頁這件漂亮的螺鈿紫檀五弦琵琶，就是其中之一。

「螺鈿」是一種裝飾藝術，工匠把海螺、貝殼打磨成花鳥等形狀，再鑲嵌在物品表面做裝飾。這把琵琶，把唐朝工藝美學發揮到極致，是名副其實的正倉院鎮館之寶！它是現存唯一的五弦琵琶實物！其他的五弦琵琶，只能在敦煌壁畫上看到了。

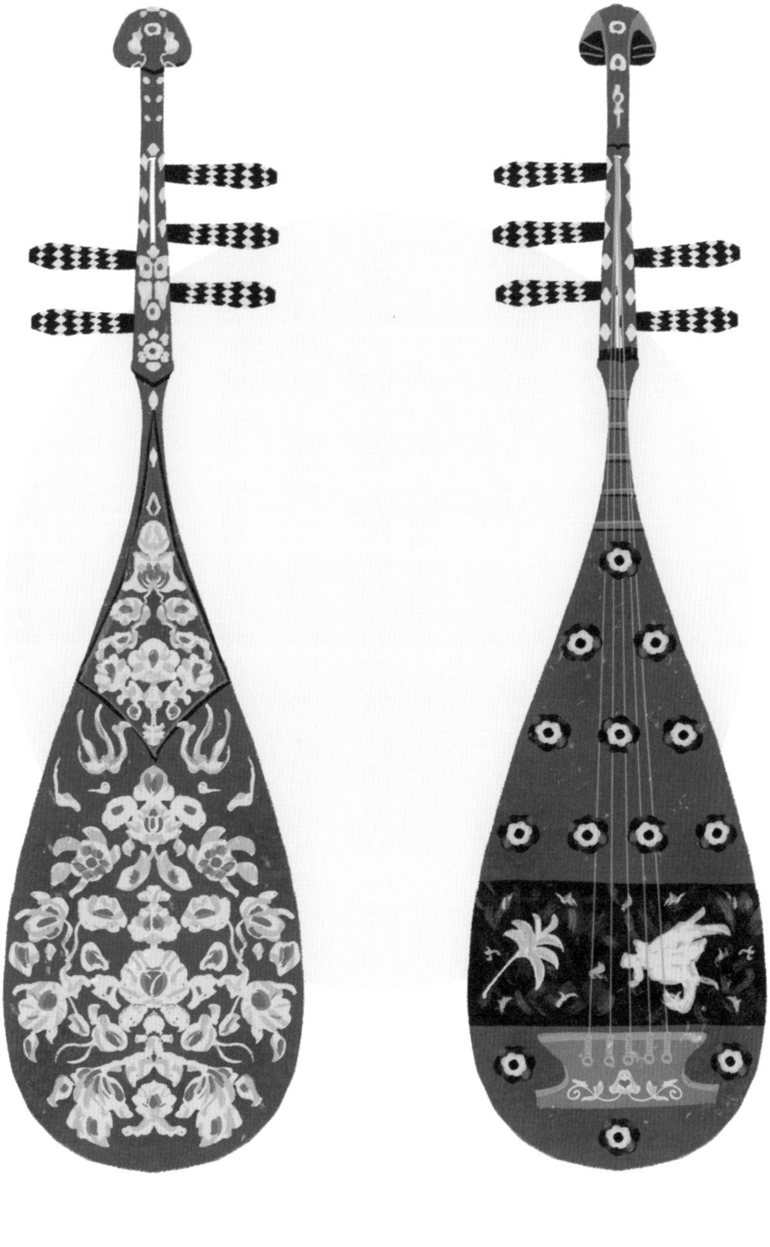

▲收藏於日本正倉院的唐朝螺鈿紫檀五弦琵琶。

歷史事件07

翰林院登上歷史舞臺

唐高祖李淵的時候，翰林院招聘各種人才，包括作家、詩人、風水專家、僧侶、藝術家等，讓他們為皇帝服務。到了唐高宗的時候，翰林院的成員就都是有學問的文學家了。

唐玄宗李隆基即位後，專門選拔擅長文辭的大臣到翰林院任職，負責起草詔制。這些人被稱為翰林待詔，後來

◀唐朝書院。

大事記

世界

中國

718年，麗正修書院設立

改稱翰林供奉。從這時開始，翰林院逐漸轉型為幫皇帝草擬詔書的重要單位。

七三八年，唐玄宗另外興建了一座翰林學士院，將文學方面才華卓越的官員選拔為翰林學士。晚唐，翰林學士院完全取代原來的翰林院，翰林官相當於皇帝身邊的機要祕書，簡稱翰林。此外，中國最早的官辦書院——麗正修書院，也誕生於開元盛世時。

原來是這樣啊

古代的書院與官學有什麼不同？

中國古代特有的私人教育機構叫做書院，類似現在的民辦學校、私立學校，是私家設立的。而官學則是由朝廷創辦與管理的公立學校；中央朝廷辦的就叫中央官學，地方政府興辦的就叫地方官學。書院以學術研究、學術活動為主，不同學派的人可以一起討論爭辯。而官學的設立，主要是為了培養官員，學生大多是官宦子弟，課程由國家擬定。

歷史事件08

盛世幻滅，安史之亂

軍隊制度的隱患

開元盛世結束沒多久，唐朝就陷入了戰亂，主要原因之一是府兵制度崩潰。打仗時，府兵需要自備糧食與裝備。平時他們是尋常百姓，定時參加軍事訓練；打仗的時候，朝廷便將他們組織起來。而這一切的前提，就是均田制能夠有效運行。

但是隨著時間推移，新興的大家族又開始貪得無厭的兼併土地，均田制遭到破壞，府兵家中的土地都被大地主吞併，自己都沒飯吃了，哪裡還有餘糧帶去打仗呢？這樣一來，朝廷不得不停止府兵制，改為募兵制。募兵制是由朝廷

從女子的穿著打扮，就可以看出，唐朝社會風氣相當開放。

召募長期服役的士兵，提供糧食和裝備，由專門的將領統領。也就是說，朝廷專門養著士兵，由將軍管理他們。如此一來，將領的權力就變大了。

七一一年，邊鎮掌兵的將領有了新官名——節度使，整個駐地的人口、財政、刑罰等等都歸他管，就跟小朝廷一樣。一部分節度使逐漸脱離中央掌控，形成地方割據勢力。可想而知，只要節度使造反，國家必會陷入戰亂。

745年，回纥滅東突厥第二汗國

750年，阿拉伯阿拔斯王朝建立

755年，安史之亂

756年，馬嵬驛之變，唐肅宗李亨即位

▲唐朝審美觀，以胖為美，楊貴妃就是代表。

大事記

世界

726年，拜占庭聖像破壞運動開始

中國

742年，唐朝僧人鑒真
第一次東渡日本

唐玄宗無心上朝

這時候，步入晚年的唐玄宗，已失去當年的雄心壯志，先後把朝政交給李林甫、楊國忠把持。可惜這兩人都不是忠臣，陰險、自私。李林甫很會說好聽的話，得到唐玄宗信任，因而長期專權。

天寶年間，唐玄宗寵愛楊貴妃，無心政事，給李林甫可乘之機。為了鞏固自己的權力，李林甫建議唐玄宗讓安祿山等寒門出身的少數民族將領，擔任鎮守邊疆的節度使，又放任他們擁兵自重。

有著粟特血統的安祿山，認唐玄宗、楊貴妃為義父、義母，借此拉近關係，哄他們開心。而楊國忠是楊貴妃的親戚，得到唐玄宗偏袒，到處搜刮民財，這都使朝政日漸腐敗。

安史之亂

天寶中期，中央朝廷只有不到十三萬兵力，而邊鎮兵力卻高達五十萬，單單安祿山就擁兵十八萬。從兵力來看，朝廷完全沒有辦法與地方抗衡，局面已經非常危險了。

李林甫死後，楊國忠當宰相，但是他與安祿山的關係並不好。唐玄宗對楊貴妃極為寵愛，而楊貴妃正是楊國忠的堂妹，這更令安祿山不安。七五五年，安祿山、史思明等將領率領十五萬聯軍，以「討伐楊國忠」為藉口，在范陽（現今河北保定一帶）起兵，揭開安史之亂的序幕。

勢如破竹的安祿山軍隊，在七五六年攻陷了長安的門戶潼關。朝廷軍隊根本不是他們的對手，於是唐玄宗被迫放棄長安，帶著楊貴妃、皇族和親信，倉皇逃往四川。

當他們到達馬嵬(ㄨㄟˊ)坡（現今陝西興平）驛站時，大將軍陳玄禮發起兵變，請求唐玄宗殺了楊國忠和楊貴妃。士兵將楊國忠亂刀砍死後，又將驛館團團圍住，要求賜死楊貴妃。唐玄宗本來想赦免自己的愛妃，但門外將士絲毫不肯鬆動，最終他不得不下令把楊貴妃用白綾縊死。

安史之亂使得山河陷落，唐朝由盛轉衰，楊貴妃香消玉殞，給這曾經的盛世，畫上了一個悲劇性的句號。

▼安祿山與史思明叛變，
史稱「安史之亂」。

歷史事件09

波瀾壯闊的海上絲路之旅

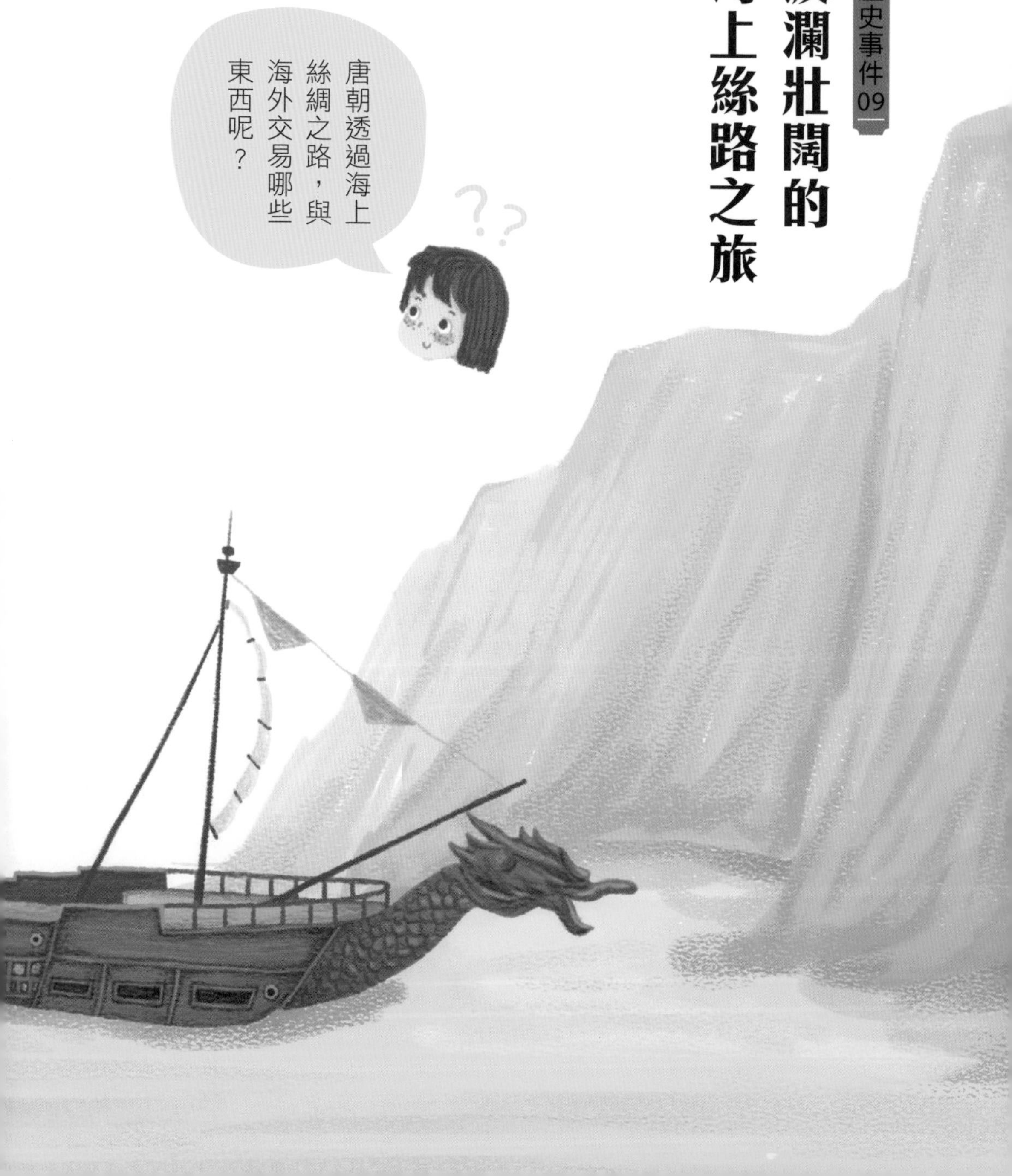
唐朝透過海上絲綢之路，與海外交易哪些東西呢？

海上絲綢之路

除了叛亂的軍閥以外，控制青藏高原的吐蕃，是唐朝的另一勁敵。

唐太宗李世民在位時，吐蕃與唐朝的關係還算友好，文成公主嫁去吐蕃，帶去了許多先進技術和資源，讓他們逐漸強盛起來。結果吐蕃反而成為唐朝在西部最大的威脅。吐蕃軍隊甚至曾攻陷長安，兩國關係降到冰點。

唐玄宗時，吐蕃佔有大片西域地區，截斷了唐朝與天竺等國貿易往來的陸上絲綢之路，另一條貿易路線——海上絲綢之路，因而變得更加重要了。

▶ 廣州的港口。

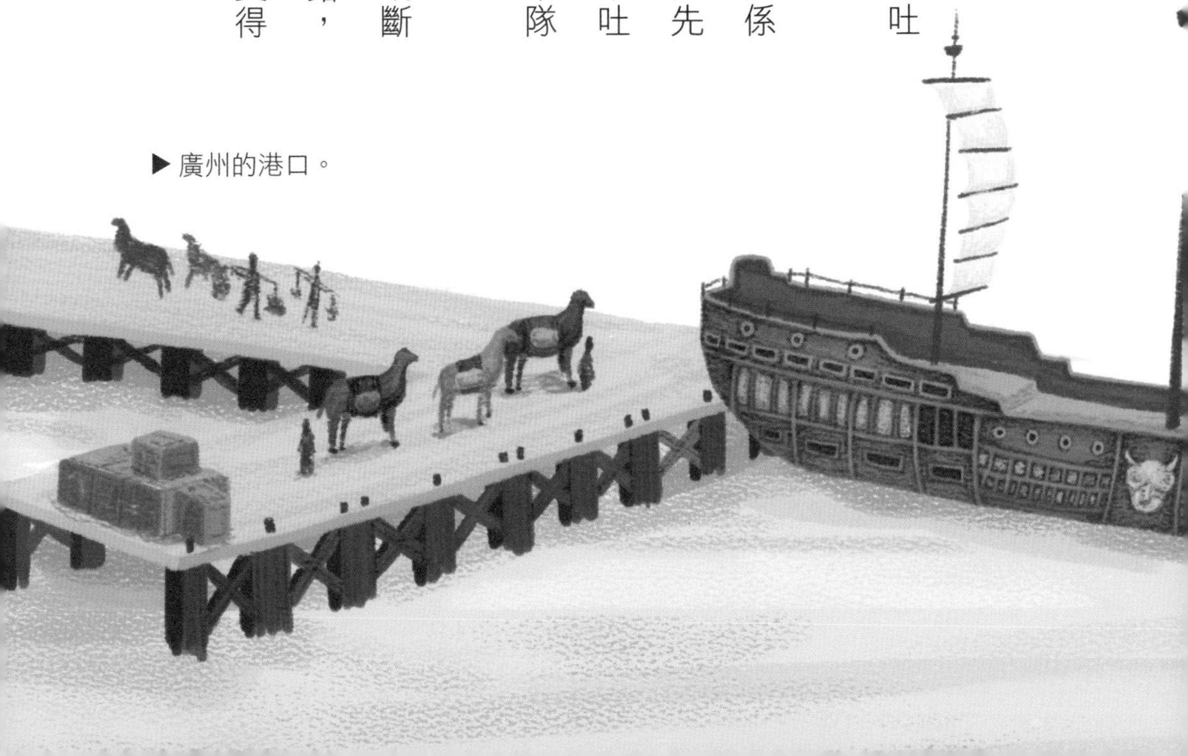

唐朝物產豐富，與周邊各個島國多有來往，很多大唐商人，經由海上絲綢之路，與周邊國家進行交易。

跟著商隊出海去

現在，我們就化身小船工，跟隨唐朝出海經商的船隊，走一趟海上絲綢之路，一探究竟吧！

將貨物收拾妥貼後，我們跟隨師傅到了船上的庫房。庫房裡有絲織品、紙張、瓷器、漆器、茶葉、藥材、香料等，這些都是唐朝時候海上絲綢之路的主要通商物品。

每到一個港口，船上的貨物便增增減減，進行買賣。等船隊完成交易以後，就重新啟航。返航時，船上所載的貨物，已與出發時完全不同了。中國的特產，都換成了從各地交易而來的物品，像是稀有的香料、藥材、珊瑚、寶石、玻璃器皿等。不出意外的話，船隊這次應該能大賺一筆，船工的薪水也有著落了。

回到廣州灣，船隊果然兌現了承諾的薪水，我們跟隨船隊出海旅行，也告一段落。

海上絲綢之路帶來各國貨物，也帶來沿途各國的船隻、使節、商人。由於廣州港的來往商船越來越多，所以唐朝對海外商船，也有一定的監管策略。

六六一年，唐朝設立了市舶使，派專門官員負責管理海上貿易，徵收船隻入境稅。這與現代的海關有些類似，但當時只徵收入境稅，並不限制交易的種類，基本上，買賣什麼東西都可以。

七四一年，朝廷又在各大口岸設立了「蕃坊」，供外國商人居住，並設置專門的「蕃坊司」負責管理。

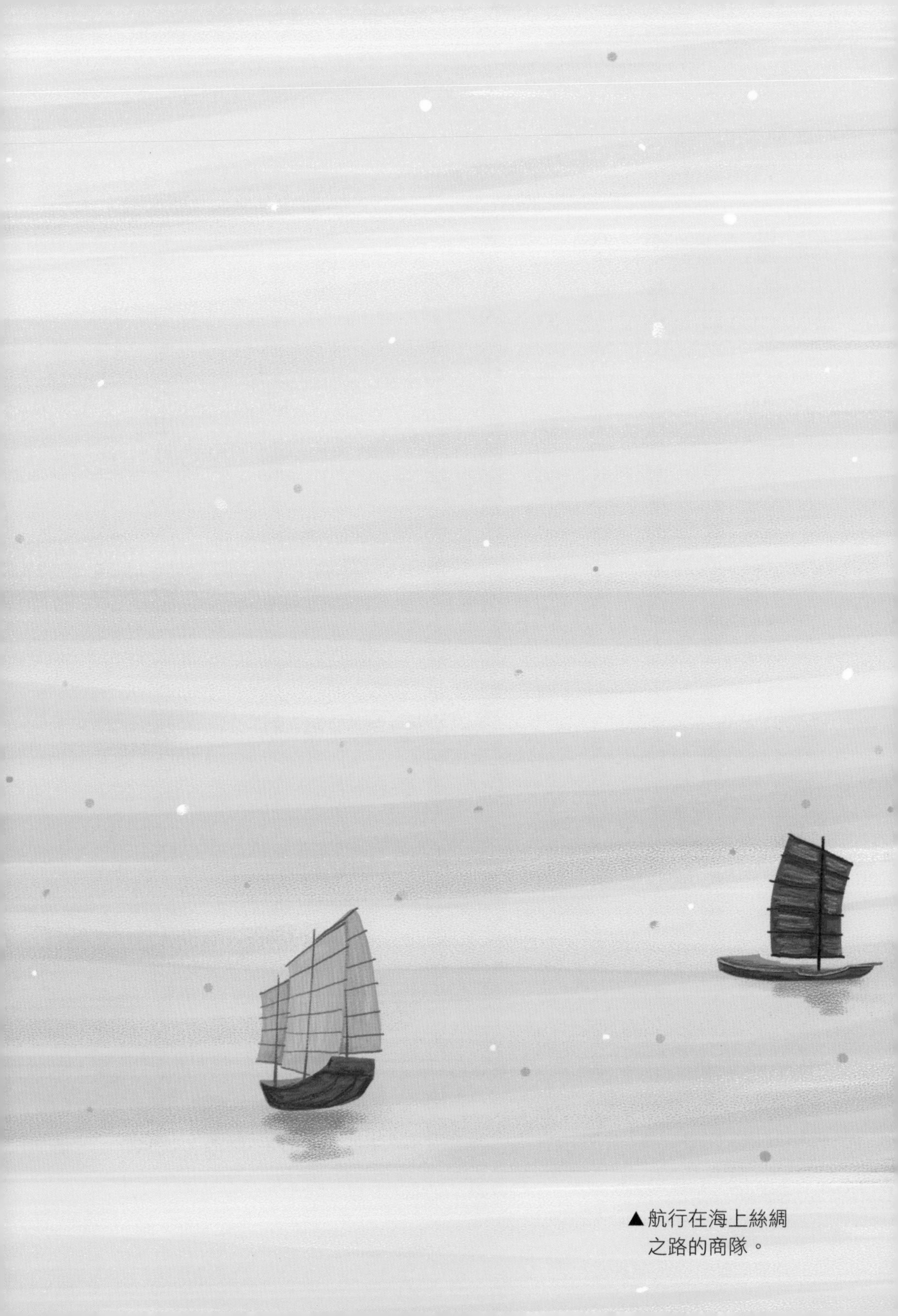

▲航行在海上絲綢
之路的商隊。

唐朝經濟繁榮，吸引各國紛紛前來尋求邦交與物品交易；另一方面，唐朝的技術與文化，也隨著海上絲綢之路散播，影響了沿途各個地區。

沿途有趣的國家

海上絲綢之路，沿途有許多有意思的國家，現在，我們一起去這些國家瞧瞧！

環王國，位於當今的越南中部，這裡多霧多雨，冬天也仍然溫暖，不會下雪。國王穿著棉布製成的服裝，頭戴鮮花，佩戴珍珠、金鎖飾品。環王國曾命使者給大唐贈送二十四次禮品，其中有犀牛、馴化的象、琥珀、沉香等，大唐也回贈豐厚的禮物。唐太宗貞觀五年（六三一年），環王國曾向唐朝贈送白鸚鵡，這隻白鸚鵡非常機靈，會回答問話。

五天竺，地理位置相當於今天的巴基斯坦、孟加拉、印度等國家，意為「婆羅門眾之國」。著名的高僧玄奘，就是在這裡取得真經，並且把一路取經的見聞，寫成《大唐西域記》。五天竺的等級制度森嚴，用種姓制度，將人劃分成四種階級。唐朝不僅有正式的使節與五天竺進行外交，也有很多到五天竺國家巡禮佛教勝跡與求法取經的留學生。五天竺國家的大德高僧，也到唐朝來傳播佛教。

獅子國，位於當今的斯里蘭卡。這裡盛

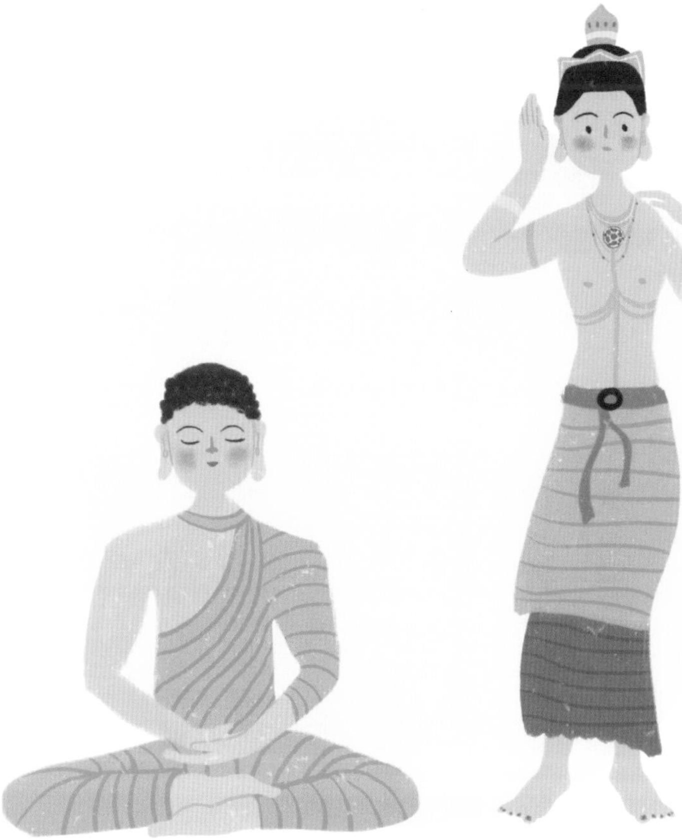

▲獅子國國民信奉佛教。

▲波斯國人

產珍寶，土地肥沃，常年溫暖，出產的花果、糧食，十分豐盛，常吸引其他國家的人前來居住，各國商人也來這裡進行珠寶交易。獅子國與大唐向來關係良好，曾在七四六年贈送《大般(ㄅㄛ)若(ㄖㄜˇ)經》給唐朝，大唐也回饋厚禮。在獲得指南針技術後，獅子國的船隻也可以航行到廣州灣進行貿易交流。

波斯王國，首都位於

當今的伊拉克底格里斯河畔。四季溫暖，西邊與大海相鄰，人們種植水田。波斯國的戰士，戰鬥時騎象，非常威武。波斯與大唐來往密切，不僅有使者，許多波斯商人也來大唐經商，大唐在波斯邊境還設立了波斯都督府。後來大食（阿拉伯帝國）興起，波斯逐漸走向滅亡，但在大唐的長安、洛陽、揚州、廣州等地，還住著不少波斯人，他們被稱為「窮波斯」，但這個稱呼的含義，其實是「在大唐居住的波斯人，沒有窮人」。

大食，位於當今阿拉伯半島地區，由回教教祖穆罕默德所創建，是一個政教合一的伊斯蘭國家，後來分裂為東大食（現今巴格達地區）、西大食（現今西班牙地區）、南大食（現今埃及開羅地區）。這些國家與波斯灣、紅海、印度洋以及大沙漠相鄰。六五一年，大食派使者到達大唐，並陸續贈送金線、織袍、龍腦香、駿馬、豹等，大唐回贈厚禮，兩國開始通商交流。

歷史事件10

宦官專權釀成的悲劇

各種勢力互相牽制才能平衡，一旦一方勢力過大，就會釀成大禍。咦，我想想，第一次宦官專權是什麼時候？得回頭複習一下！

唐朝滅亡，與中後期宦官專權有很大關係。馬嵬驛兵變之後，太子李亨稱帝，就是唐肅宗。從逃亡到登基的過程中，親信宦官李輔國始終效忠，立下很大的功勞，所以李亨登上帝位之後，十分倚重他，甚至把天下兵馬大元帥府行軍司馬這個重要職務，都交給李輔國。這成為宦官得勢的開始。

後來，李亨的兒子唐代宗李豫，設置了樞密使和宣徽使兩個職務，負責統領全國的軍

▲唐朝中後期，宦官專權導致了許多問題。

政。這麼重要的職務，竟是由皇帝信任的宦官出任。從此，宦官勢力不但掌握軍隊，甚至也插手朝政，逐漸形成一個把持朝政的宦官集團，李輔國一躍成為歷史上第一個宦官宰相。

誰當皇帝由宦官決定

李輔國死後，竇文場、霍仙鳴這兩個曾護衛皇帝逃到漢中的宦官，成為護軍中尉，可以指揮中央禁衛軍，掌握了中樞實權。宦官實力最強大的時候，甚至可以擁立或廢黜皇帝。唐朝後期的九個皇帝，有七個是由宦官擁立的。唐順宗和唐憲宗父子，想從宦官手中奪回權利，都先後失敗了。

八三五年，沒有實權的唐文宗李昂，試圖徹底消滅宦官勢力，把當時的宦官首領仇士良騙到禁衛軍駐紮的後院，準備一舉

829年，威塞克斯國王埃格伯特統一了英格蘭

835年，甘露之變爆發，唐文宗誅殺宦官失敗

殲滅。誰知仇士良發現事情不對，雙方展開激戰。唐文宗一方大敗，憤怒的宦官殺死一千多名大臣和他們的家屬，並囚禁唐文宗，這就是「甘露之變」。

唐朝的宦官問題，直到唐昭宗時代才終於解決，然而因為黃巢起義，當時已經天下大亂了。橫行無忌的藩鎮首領朱溫，率領軍隊衝進皇宮，將宮中近五千名宦官屠殺殆盡，中國歷史上歷時一百多年的第二次宦官專權，這才徹底結束。

大事記

世界
- 800年，查理曼大帝統一歐洲

中國
- 796年，唐德宗的軍權被宦官掌握
- 805年，永貞革新失敗

歷史事件11

衰落的唐朝走向暮年

亂後推行兩稅法

為了平定安史之亂，大唐耗費了大量人力物力，朝廷疲憊不堪，也漸漸失去了對納稅人丁及田畝數額的控制。很多地方的藩鎮軍閥，對老百姓反覆收稅，有些稅甚至收到了幾十年以後。為了扭轉這種局面，七八〇年，唐朝開始實行一種新的稅制——兩稅法。

兩稅法把各種亂七八糟的稅，統合成為一種基本稅。每年有夏季、秋季兩次收稅時間，百姓可以根據自己的情況，選擇一次

唐朝原本非常推崇佛教，為什麼唐武宗要「滅佛」呢？

884年，黃巢被殺，起義軍被鎮壓

907年，朱溫建梁

進行繳納。比如說，如果上半年收成不好，可以在下半年有計畫的多生產，預留可供繳稅的物品與金錢。這種人性化的政策，立刻獲得好評。

兩稅法不是按照統一的標準進行徵收，而是取決於納稅者擁有多少財產。富裕的人財產多，徵收的稅就多；貧窮的人財產少，徵收的稅就少。這樣一來，可以避免窮人繳納超過能力範圍的稅額。不過，聽起來非常理想的兩稅法，推行起來並不順利，因為它照顧了平民百姓，卻剝奪了藩鎮徵稅的權力，使中央與地方更加對立。

會昌滅佛運動

唐朝中後期，由於社會戰亂而選擇出家為僧、削髮為尼的人

大事記

世界
868年，埃及總督艾哈邁德・圖倫建立圖倫王朝

中國
878年，黃巢起義爆發
881年，黃巢佔領長安，自稱大齊皇帝

口大增，他們不生產、不繳稅，對國家財政收入影響很大，形成嚴重的社會問題。而佛教寺廟收受大量信徒捐贈的財產，擁有了大片土地，他們的產出卻不需要向朝廷繳稅，所以很多寺廟都聚積了大量財富。

唐武宗李炎繼位後，發現朝廷沒有軍費了，當時又面臨旱災、蝗災，急需撥款給災民。於是，會昌二年（八四二年），李炎下令清查全國寺廟，沒收寺廟與僧尼的財產，勒令僧尼還俗。同時，禁止百姓捐香油錢給寺廟，一旦被發現，捐錢的人與收錢的僧尼

▶ 會昌滅佛運動。

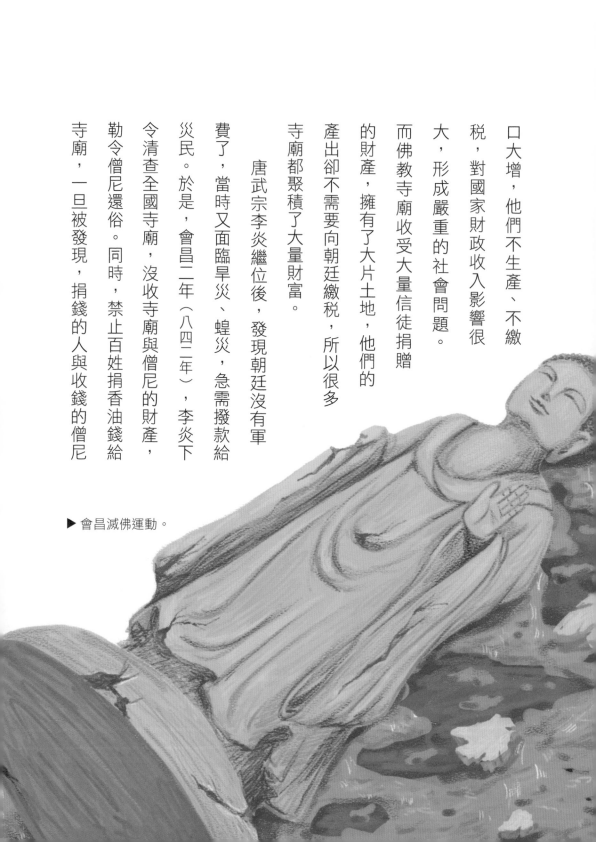

都要受刑。這次的滅佛運動，被稱為「會昌滅佛運動」，連同之前提到的兩次滅佛事件，被稱為「三武滅佛」（三武指的是北魏太武帝、北周武帝、唐武宗）。

八四五年，滅佛運動毀壞了四千六百多處佛寺，還俗的僧人與尼姑多達二十六萬人。李炎去世後，繼位的唐宣宗崇信佛教，又開始支持振興佛教，但是會昌滅佛損壞了不少佛教經典，對佛教造成的損害難以挽回。

成語講堂

推波助瀾

比喻助長事物的發展（多指壞事），帶有貶義。

這個成語出自隋朝王通的著作《文中子・問易篇》，原句是：「真君、建德之事，適足推波助瀾，縱風止燎爾！」

太平真君是北魏太武帝的年號，建德是北周武帝的年號。這兩位皇帝都反對佛教，實施滅佛運動，但他們一去世，繼位的皇帝又變本加厲的推崇佛教。所以王通說他們起了「推波助瀾」的作用，使得佛教更為盛行。

黃巢起義 帝國動搖

安史之亂後，大唐失去了大帝國的光環，在九世紀後期走向暮年。南方曾是大唐最為安定、富饒的地區之一，因而承擔了最沉重的稅務負擔，導致一次又一次小規模的民間騷亂。

八五九年，裘甫將被壓迫的農民集合起來，在浙東起義，但是被唐軍擊潰。統治者覺得農民起義不是什麼了不起的大問題，被冷落的百姓也漸漸絕望。

八七四年，直接導致唐朝滅亡的黃巢起義爆發。起先是一個名叫王仙芝的人，聚集千人在河南起義，科舉落第的黃巢也率千人響應。當時，規模千人左右的農民起義，在各地不時發生，所以黃巢起義根本不受朝廷重視。直到起義軍攻入汝州，距離百里外的洛陽百姓恐慌逃離，唐僖宗李儇(ㄒㄩㄢ)才試圖籠絡起義軍。

▼黃巢起義。

王仙芝和黃巢對於朝廷的招安，意見不合，起義軍因此分裂。王仙芝後來戰死沙場，黃巢則堅持不與朝廷妥協，成為起義軍統帥，從南向北一路進攻，逼近東都洛陽。

唐僖宗見大勢不妙，逃往蜀地避難。起義軍一路攻破潼關，佔領了都城長安，黃巢也登基稱帝。不過，這並不代表起義軍勝利。長安失去了江淮的糧食供應，只是一座孤城而已。而逃往蜀地的唐僖宗有糧養兵，便向起義軍發起反攻。糧食不足的起義軍，被迫放棄長安，黃巢被朝廷軍隊一路追擊，於八八四年兵敗被殺。但大唐也在戰亂中分離崩析，走向終點。

歷史事件12

唐詩創作的大時代！

唐朝詩歌創作進入全盛時代，給世人留下了豐富的文化遺產。流傳千古的唐詩，成了唐朝的名片。

首先登上唐朝詩歌舞臺的是「初唐四傑」——王勃、楊炯、盧照鄰、駱賓王。這四位詩人的共同點，就是才氣很高，官位卻很低。詩人心中的不平，只能借由詩歌抒發，所以他們的作品也真實反映讀書人的心理及追求。

從「貞觀之治」來到盛唐的「開元之治」，唐朝國力日益強盛，文學上也展現出「盛唐氣象」。當時的詩壇形成兩大詩派，一是山水田園詩派，以描寫、讚頌大自然的秀美山水、記錄田園生活為抒發；一是邊塞詩派，以描寫邊塞的生活、風光和戰爭為主，詩中大多是歌頌保家衛國的愛國思想，表現出建功立業的英雄追求。

除了主題不同之外，詩歌創作還分浪漫與寫實的不同風格，兩種風格的代表性詩人是李白、杜甫。李白在中國文學史畫出濃墨重彩的一筆，以「詩仙」之名流傳於世。杜甫與李白齊名，詩歌充滿對天下、對人民的關懷，被譽為「詩史」。

唐朝中後期的著名詩人，則有：白居易、劉禹錫、韓愈、李商隱、杜牧等人。

唐朝初期流行的文體，是講究格律和對偶的駢文，著名才子王勃，寫出《滕王閣序》，就是初唐駢文的代表作。到了唐朝中期，韓愈、柳宗元發起一場「古文運動」，反對辭藻華麗的駢文，提倡反映現實生活的散文，回復兩漢時期自由、樸實的風格，不受格式約束，推動了唐朝散文發展。

唐朝中晚期，是傳奇小說的誕生孵化期，《鶯鶯

傳》、《枕中記》等作品，都在這個時期誕生。它們的內容多是異聞怪事，或是各種恩怨情仇、英雄豪傑的故事。《鶯鶯傳》講述了張生與崔鶯鶯相愛，後來又將她拋棄的故事。《枕中記》講的是盧生在邯鄲的旅店，作了一場升官發財的美夢，成語「黃粱一夢」，就是源於這個故事。

原來是這樣啊

八股文的前身——帖括

唐朝以科舉選拔人才，科舉有一科是明經科，考試方法是在經文上貼掉一些字，讓參加考試的人填。因為經文很難記，所以有人就把經文總結起來編成歌訣，方便記憶，就叫做「帖括」。這種考試的方法到明代發展成了八股文。

歷史事件13

唐朝滅亡，亂世再臨！

唐朝的盡頭

儘管黃巢起義失敗，但是大唐歷經衝擊，也已經千瘡百孔。曾經起義的將領朱溫投降後，在混戰中成了最強大的藩鎮。唐哀帝時，九〇五年發生著名的白馬之禍。囂張的朱溫，在黃河邊的白馬驛，殺了三十多名朝廷官員。

九〇七年，唐哀帝被迫傳位給朱溫，曾經創造了輝煌歷史的唐朝，宣告滅亡，軍閥混戰的亂世再次來臨。

混亂的五代十國

唐朝滅亡後，中原地區的政權經歷了多次變換。除了朱溫建立的後梁，還有後唐、後晉、後漢、後周四個朝代，都城都在中原，但每個政權的轄區僅包括中原少數地區，嚴格來說，他們只能算是較大的軍閥而已。而在中原之外，也陸續出現許多割據政權，前蜀、後蜀、南吳、南唐、吳越、閩、南

▼混亂的五代十國時期。

楚、南漢、荊南、北漢等較大的割據政權，被統稱為十國。這段時期，被後世合稱為「五代十國」。

這個時期的中原政權，雖然實力較為強大，卻不足以形成統一的態勢，並且因為內亂不斷、人心不齊，政權更迭頻繁。

十國之中，南吳、南唐、吳越、閩等，處在江南地區；荊南、南楚、南漢等，佔據湖南、湖北到廣州一帶；前蜀、後蜀在四川。這都是氣候條件好、土壤肥厚、物產豐富、糧食富足的地區，因此這些國家不容易被消滅，他們與中原王朝維持著微妙的平衡。其他割據的小國，更是戰亂不斷、風雨飄搖，難以建立穩固而強大的政權。

這些政權相互制衡、紛爭不斷，誰也沒有絕對優勢，爭鬥持續了近六十年，一直到九六〇年，北宋建立，才歸於統一，結束了漫長的亂世。

《花間集》與詞人李煜

《花間集》是中國五代十國時期問世的一部詞集，也是文學史上的第一部文人詞選集，由後蜀人趙崇祚編纂而成。這部詞集詞風豔麗，大多是模仿婦女的口吻來描寫她們的生活，這個詞派被稱為花間詞派。

李煜（李後主）是南唐的最後一位國君，他雖然在政治上沒有天分，但在文學史上卻有很大的影響，是有名的詞人。他的詞，前期大多是描寫宮廷生活和男女之情，後期因為國家滅亡，自身難保，所以詞作中多抒發亡國之痛、思鄉之情，詞風哀傷而淒涼。

趙匡胤黃袍加身

九五九年，曾經立志一統天下的後周世宗柴榮駕崩了，當時只有六歲的周恭帝柴宗訓登上皇位。新帝年幼，無權無勢，朝中的軍事大權被趙匡胤、石守信等武將把持。次年，趙匡胤受宰相范質的命令，帶領軍隊北上，抵禦傳聞中契丹與北漢的聯軍。部隊走到陳橋驛的時候，趙匡胤與趙普等人，密謀發動兵變，眾人把黃袍穿在趙匡胤身上，擁立他為皇帝。

趙匡胤幾番推辭，最終還是答應了，他帶領軍隊放棄北上，直接回到京城開封，逼迫周恭帝讓位，由他「黃袍加身」。

這是一次和平的兵變，沒有出現混亂的局面和流血的戰爭。周恭帝柴宗訓禪位，趙匡胤登上帝位，改國號為「宋」，定都開封，一個嶄新的朝代開始了。

歷史就是這樣演進的！

這部歷史從夏朝開始說起，這是因為在此之前有關三皇五帝等傳說，由於缺少歷史證據，往往被視為神話。

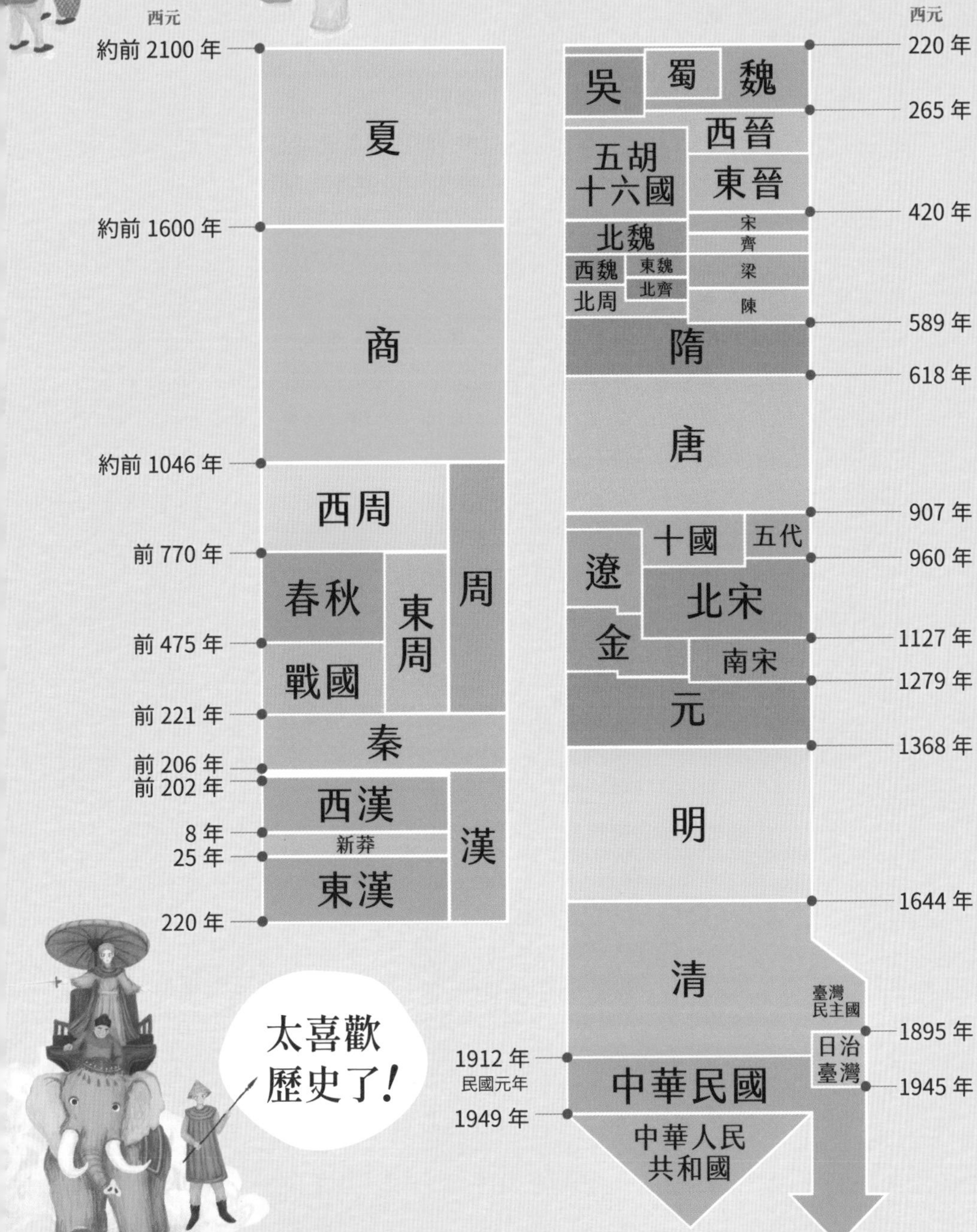

西元
約前 2100 年
夏
約前 1600 年
商
約前 1046 年
西周
周
前 770 年
春秋
東周
前 475 年
戰國
前 221 年
秦
前 206 年
前 202 年
西漢
漢
8 年
新莽
25 年
東漢
220 年
西元
220 年
吳
蜀
魏
265 年
西晉
五胡
十六國
東晉
420 年
宋
北魏
齊
西魏
東魏
梁
北周
北齊
陳
589 年
隋
618 年
唐
907 年
十國
五代
960 年
遼
北宋
金
1127 年
南宋
1279 年
元
1368 年
明
1644 年
清
臺灣
民主國
1895 年
1912 年
民國元年
日治
臺灣
中華民國
1945 年
1949 年
中華人民
共和國
太喜歡
歷史了！

歷史就是這樣變化的！

歷史上，每個時代的疆域面積、統治族群，以及國都所在位置，都不斷的變化。而「統一」往往就是「分裂」的開始，分分合合是歷史常態。領土、統治族群、生活方式，也必然隨著時代演進，持續變動。歷史就是一部人類生存的變動史。

朝代		都城	現今地	統治族群	開國
夏		安邑	山西夏縣	華夏族	禹
商		亳	河南商丘	華夏族	湯
周	西周	鎬京	陝西西安	華夏族	周武王姬發
	東周	雒邑	河南洛陽	華夏族	周平王姬宜臼
秦		咸陽	陝西咸陽	華夏族	始皇帝嬴政
漢	西漢	長安	陝西西安	漢族	漢高祖劉邦
	新朝	常安	陝西西安	漢族	王莽
	東漢	洛陽	河南洛陽	漢族	漢光武帝劉秀
三國	曹魏	洛陽	河南洛陽	漢族	魏文帝曹丕
	蜀漢	成都	四川成都	漢族	漢昭烈帝劉備
	孫吳	建業	江蘇南京	漢族	吳大帝孫權
晉	西晉	洛陽	河南洛陽	漢族	晉武帝司馬炎
	東晉	建康	江蘇南京	漢族	晉元帝司馬睿
南北朝	南朝 宋、齊、梁、陳	建康	江蘇南京	漢族	宋武帝劉裕等
	北朝 北魏、東魏、西魏 北齊、北周	平成 鄴 長安	山西大同 河北邯鄲 陝西西安	鮮卑 漢族 匈奴等	拓跋珪、元善見 宇文泰等
隋		大興	陝西西安	漢族	隋文帝楊堅
唐		長安	陝西西安	漢族	唐高祖李淵
五代十國		汴、洛陽 江寧等	開封、洛陽 南京等	漢族	梁太祖朱溫等
宋	北宋	汴京	河南開封	漢族	宋太祖趙匡胤
	南宋	臨安	浙江杭州	漢族	宋高宗趙構
遼		上京	內蒙古	契丹族	遼太祖耶律阿保機
金		會寧	黑龍江哈爾濱	女真族	金太祖完顏阿骨打
元		大都	河北北京	蒙古族	元世祖忽必烈
明		應天府	江蘇南京	漢族	明太祖朱元璋
清		北京	河北北京	滿族	清太宗皇太極

註：限於篇幅，本表不含各朝代後續遷都詳情。

國家圖書館出版品預行編目（CIP）資料

太喜歡歷史了：給中小學生的輕歷史 . 6, 隋唐 / 知中編委會作 . -- 初版 . -- 新北市 : 遠足文化事業股份有限公司字畝文化出版 : 遠足文化事業股份有限公司發行 , 2021.11
面； 公分
ISBN 978-626-7069-12-7（平裝）
1. 中國史 2. 通俗史話
610.9 110017559

太喜歡歷史了！給中小學生的輕歷史⑥隋唐

作　　者：知中編委會

字畝文化創意有限公司

社　　長：馮季眉
責任編輯：徐子茹
美術與封面設計：Bianco
美編排版：張簡至真

出版：字畝文化／遠足文化事業股份有限公司
發行：遠足文化事業股份有限公司（讀書共和國出版集團）
地址：231新北市新店區民權路108-2號9樓
電話：(02)2218-1417　傳真：(02)8667-1065
客服信箱：service@bookrep.com.tw
網路書店：www.bookrep.com.tw
團體訂購請洽業務部 (02) 2218-1417 分機1124
法律顧問：華洋法律事務所 蘇文生律師
印　　製：凱林彩印股份有限公司

2021 年 11 月　初版一刷　2024 年 7 月　初版六刷
定價：350 元　書號：XBLH0026
ISBN 978-626-7069-12-7